10 ESTRATEGIAS PARA LOGRAR PROYECTOS EXITOSOS

LLEVA TU GESTIÓN AL SIGUIENTE NIVEL

SEGUNDA EDICIÓN

GERMAN RUMINOT

10 estrategias para lograr proyectos exitosos.
Lleva tu gestión al siguiente nivel / German Ruminot

Segunda edición, mayo 2023
ISBN 978-956-414-864-9 (e-book)
ISBN: 979-885-411-181-2

Para todos aquellos que buscan mejorar su gestión de proyectos.

TABLA DE CONTENIDO

PRÓLOGO

A través de este libro, el autor busca exponer de manera simple y práctica **diez estrategias,** que te permitirán mejorar la gestión de proyectos tecnológicos, complementado esta entrega, con ejemplos y casos prácticos reales para aplicar las estrategias de forma rápida y sencilla a tus proyectos.

En el capítulo uno, se analizan los tipos de proyectos que coexisten hoy en la *Gestión de Proyectos.*

En el capítulo dos, se desarrolla el concepto de *Ámbitos,* como un pilar esencial para definir el entorno y complejidad de tu proyecto.

En el capítulo tres, se aborda la forma como estructurar *Equipos Autónomos,* para aumentar el valor generado al proyecto.

En el capítulo cuatro, se aborda el tema de la *gestionar del cliente,* de forma eficaz, definiendo estrategias que te ayuden a desarrollar esta gestión.

En el capítulo cinco, se aborda una estrategia para *comunicar* de forma efectiva a todos los ámbitos del proyecto.

En el capítulo seis, se detalla la estrategia para la *toma de requisitos de forma efectiva,* la cual te permitirá definir un alcance idóneo para tu proyecto.

En el capítulo siete, se presenta una estrategia que propone un cambio de visión en el proyecto, para poner foco en los *resultados* y *valor percibido* por el cliente.

En los capítulos siguientes, se abordan estrategias para abordar los *Riesgos, Calidad y Gastos,* con el objetivo de mantener estas tres áreas claves de tu proyecto controladas y gestionadas de forma adecuada.

1

Para finalizar, desarrollamos un plan de contingencia y plantillas tipo, para que puedas aplicar cada una de las estrategias de forma rápida y sencilla a tu proyecto.

Comentarios para esta nueva edición

Los temas que se revisaron para esta nueva edición permiten abordar la nueva realidad que se presenta luego de la pandemia del coronavirus, dando una visión actualizada y mejorada de las estrategias para la gestión de proyectos revisadas en la versión previa.

Esta nueva edición se analiza y profundizan conceptos como el propósito del proyecto como punto central para los equipos e interesados, la comunicación como factor preponderante en ambientes remotos e híbridos, ajustes en la complejidad del proyecto dado los cambios mencionados, entre otros temas revisados.

A través de esta nueva edición se brinda una mayor adherencia de las estrategias para mejorar la gestión de proyectos.

INTRODUCCIÓN

Durante la pandemia del coronavirus la *Gestión de Proyectos* se vio forzada a realizar cambios importantes para su correcta aplicación en todo el mundo, llegando a transformarse en un capital estratégico para las empresas, dada la cambiante demanda, las restricciones sanitarias y la agresiva competencia en los diferentes mercados.

Esta nueva realidad, ha conducido a las organizaciones a tener que adaptarse rápidamente al nuevo escenario, a través de la incorporación de innovaciones y mejoras continuas a sus productos y servicios para capturar las nuevas tendencias de compra y uso. Todas estas nuevas incorporaciones se realizan a través de los proyectos, los cuales necesitan ser gestionados de manera exitosa para lograr los objetivos trazados.

Por este motivo, en esta entrega se plantean una serie de *Estrategias,* que te ayudarán a mejorar la *Gestión de tus Proyectos Tecnológicos,* entendiendo por estrategia al conjunto de acciones que buscan lograr un objetivo específico. En nuestro contexto, el objetivo buscado es el éxito de tu proyecto para que el cliente logre el valor esperado.

A lo largo de este libro, brindaremos una guía práctica para incorporar estas *estrategias,* logrando que alcances excelentes resultados en muy poco tiempo, llevando tu *Gestión de Proyectos* al siguiente nivel de excelencia.

Acompáñanos a revisar cada una de estas *Estrategias* que te presentamos a continuación.

DESCUBRIENDO LOS TIPOS DE PROYECTOS

Iniciaremos nuestra exploración, dando una breve introducción a los diferentes tipos de proyectos que puedes encontrar en tu *Gestión De Proyectos*.

Es importante señalar, que existen diversas formas de agrupar los proyectos, pero para nuestro análisis, vamos a considerar solo estas tres categorías:

- o Proyectos Adaptativos (Ágiles)
- o Proyectos Predictivos (Cascada)
- o Proyectos Híbridos

Nota: Cabe mencionar que, dado el ambiente actual de negocios, cada día más empresas transitar desde Proyectos Predictivos a el desarrollo de Proyectos Adaptativos e Híbridos donde tú proyecto, se va adaptando a la cambiante situación del entorno y tu cliente.

Proyectos Adaptativos (Ágiles)

Este tipo de proyectos se caracterizan por desarrollarse en ambientes con demandas muy cambiantes.

La premisa de este tipo de proyectos consiste en señalar lo siguiente:

"Con el presupuesto dado, entregar la mayor cantidad de resultados en el menor tiempo posible".

Por lo que, el alcance se irá incrementando a medida que se vayan entregando los resultados en el tiempo.

Este tipo de proyectos son usados cuando se identifiquen las siguientes características en el contexto:

o   **Frecuentes cambios** en el proyecto.
o   **Demandas** del negocio **cambiantes**.
o   **Equipos autónomos** con un alto grado de autocontrol.
o   Alta participación y colaboración del cliente en la definición de los resultados a liberar, durante todo el desarrollo del proyecto.
o   Se prioriza la práctica sobre el seguimiento detallado de una metodología.
o   Se utilizan ventanas de tiempo definidas para liberar entregables y resultados al cliente.
o   Los cambios son bienvenidos y su gestión es simplificada, dado el contexto donde se desarrolla el proyecto.

En general, el ciclo de trabajo en este tipo de proyecto considera:

o   Generar entregables que aporten valor al cliente a través de ventanas de tiempo definidas, mediante un conjunto de iteraciones sucesivas. Luego de cada iteración, el cliente recibirá los resultados. Por cada iteración, se definen nuevos entregables a realizar.

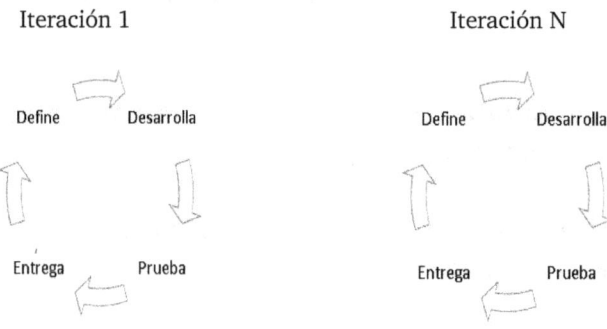

Figura 1 Proyecto Ágil

Proyectos Predictivos (Cascada)

Este tipo de proyectos se caracterizan por desarrollarse en ambientes con demandas definidas, las cuales se especifican al inicio del proyecto, y el valor de los resultados, el cliente los percibe al término de este.

La premisa de este tipo de proyectos se define con lo siguiente:

"Con el presupuesto, tiempo y alcance definido al inicio del proyecto, entregar al término del este, el producto requerido que cumpla con las especificaciones acordadas".

Por lo que, el alcance queda definido al inicio del proyecto y el beneficio del producto se percibe al final de este.

Un ejemplo de este tipo de proyectos es por ejemplo la construcción de un puente, edificio o infraestructura, donde el entregable final puede sufrir muy pocos cambios importantes.

Algunas características de este tipo de proyectos son:

- o **Alcance, tiempo y presupuesto definidos** al inicio del proyecto.
- o **Estricto control de cambios,** para que no afecten el alcance del proyecto.
- o **Seguimiento riguroso de la metodología** para el desarrollo del proyecto.
- o **Equipo organizado jerárquicamen**te y con roles bien definidos.
- o El cliente toma un rol protagónico al inicio del proyecto, para la definición de requisitos.

En general, el ciclo de trabajo, en este tipo de proyecto es:

- o Definir requisitos al inicio del proyecto, analizarlos y desarrollarlos, para posteriormente probar y entregar el producto al cliente en el tiempo y presupuesto definido. Cualquier cambio debe ser definido fuera del alcance inicial, considerando un tiempo y presupuesto específico para este.

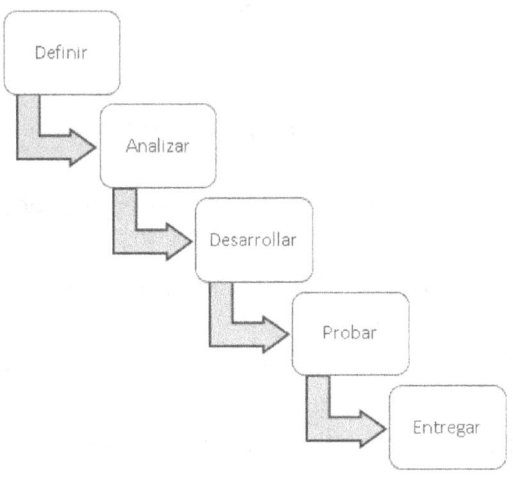

Figura 2 Proyecto Tipo Cascada

Proyectos Híbridos

Este tipo de proyectos es el resultado de mezclar un proyecto *Adaptativo* y uno del tipo *Predictivo*.

El objetivo es entregar valor al cliente antes del término del proyecto, a través de entregas parciales del producto, manteniendo la definición de requisitos y alcance al inicio del proyecto.

Este tipo de proyectos puede resultar una buena transición para pasar desde un proyecto *Predictivo* a uno *Adaptativo* de forma gradual, cuando las organizaciones, equipos y clientes   no están adaptadas en su totalidad a proyectos del tipo *Adaptativo*.

El ciclo de trabajo, en este tipo de proyectos considera los siguientes pasos:

- o Definir requisitos y alcance al inicio del proyecto, analizar y priorizar los resultados en iteraciones, para luego desarrollarlos, posteriormente probar y entregar los productos al cliente en cada una de las iteraciones. Al igual que en el proyecto tipo *Predictivo*, cualquier cambio debe ser definido fuera del alcance inicial, considerando un tiempo y presupuesto específico para incorporarlo en alguna de las iteraciones posteriores.

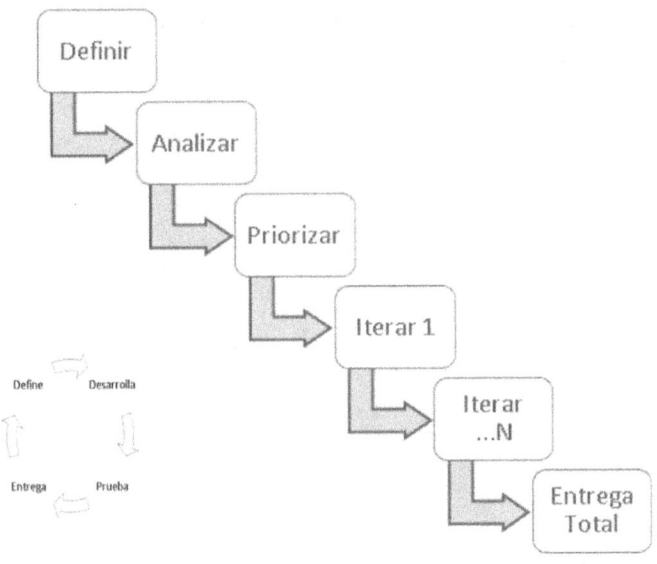

Figura 3 Proyecto Híbrido

Ahora, que ya hemos dado una revisión a los distintos tipos de proyectos con los cuales te puedes encontrar, iniciaremos la exploración de las *Diez Estrategias* que podrás aplicar para mejorar la gestión de tus proyectos.

ESTRATEGIA 1: *DEFINE TUS AMBITOS Y COMPLEJIDAD*

"Primero analiza tu entorno, luego planifica tu camino"

Hoy en día, los proyectos son cada vez más complejos y dinámicos de gestionar, por este motivo, a través de esta estrategia buscamos definir como primer paso el grado de complejidad que tendrá tu proyecto, previo al inicio de su desarrollo.

Para este proceso, realizaremos un análisis acabado del entorno y los diferentes actores que participarán en el proyecto. Partiendo por definir algunos conceptos esenciales que te permitirán describir y categorizar tu proyecto.

Ámbitos

Entenderemos por ámbitos, las diversas dimensiones que influirán en un proyecto a lo largo de su desarrollo. Estas influencias pueden ser determinantes para lograr el éxito de tu proyecto.

Es importante, que previo al inicio de tu proyecto, realices el análisis de los ámbitos de este, con la finalidad de situarlo en un contexto de complejidad inicial, para su correcta gestión y control en etapas posteriores.

A continuación, se detallan los ámbitos esenciales que debes identificar en tu proyecto:

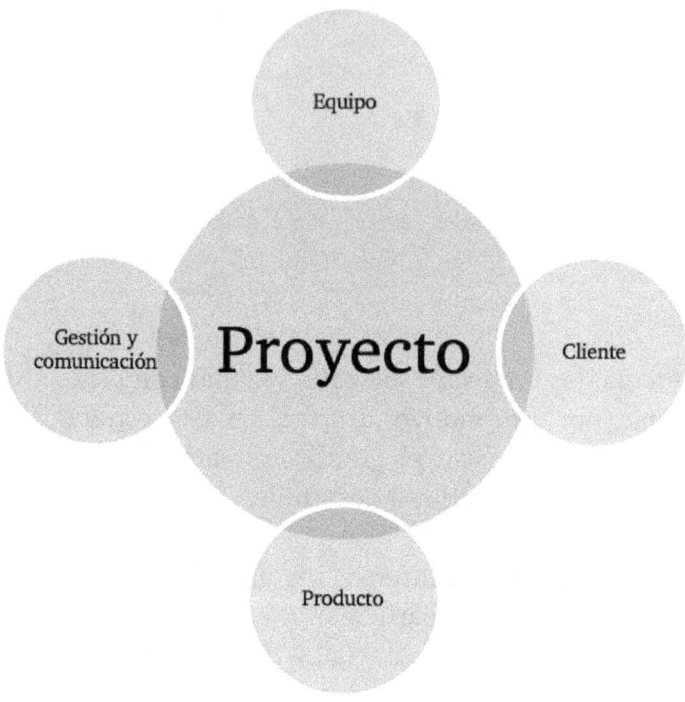

Figura 4 Ámbitos de un Proyecto

Ámbito Cliente

Este ámbito define todos los actores relevantes que interactúan con el proyecto. Entendiendo por cliente, patrocinadores, usuarios y otros actores, que pueden influir de forma directa o indirecta en el desarrollo del proyecto.

Los pasos que debes seguir para definir el ámbito del cliente consideran:

a. Identifica tus clientes y su grado de decisión en el e influencia en el proyecto.

b. Identifica su estructura y procesos para la toma de decisiones.

c. Identifica *Quién* y *Cómo* tomará las decisiones en tu proyecto, preguntándote, por ejemplo:

- o ¿Quién puede cambiar o agregar un requisito?
- o ¿Cómo es el proceso para el cambio de un requisito en el cliente?
- o ¿Quién puede validar y aceptar un entregable en el proyecto?

d. Identifica para cada uno de los clientes las siguientes características:

- o Autoridad
- o Rol en el proyecto
- o Intereses
- o Expectativas
- o Conocimiento e influencia en el proyecto

e. Identifica si cuentas con clientes deslocalizados, esto quiere decir en diferentes locaciones:

- o Sucursal, Región o país
- o Distintos edificios
- o Interacción entre cada cliente

Ámbito Equipo

El ámbito del equipo busca darte una visión clara de quienes lo conforman, como estará dispuesto tu equipo y la forma como interactuará con el cliente. Para lo cual deberás realizar los siguientes pasos:

a. Lista los integrantes de tu equipo y el rol que tomarán en el proyecto.
b. Define la estructura y experiencia de los miembros del equipo.
c. Detalla cómo interactuarán para brindar alguna respuesta a tu proyecto y el cliente.
d. Detalla si tienes equipo con equipos externos y sus niveles de servicio que le exigirás.
e. Detalla la experiencia necesaria y la que posees para cada rol del proyecto.
f. Finalmente, es importante definir si el equipo estará distribuido de forma presencial, hibrida o remota.

Ámbito Gestión y Comunicación

Define la forma cómo se gestionarán y comunicarán los ámbitos de cliente y equipo del proyecto. Para lo cual deberás listar todas las gestiones y comunicaciones que deberás realizar a lo largo del proyecto, tanto de forma interna como externa con tu cliente, definiendo la periodicidad y finalmente quienes deberán participar en cada una de ellas.

La pandemia del coronavirus puso a la gestión y comunicación en un punto de inflexión importante al tener que pasar de una gestión y comunicación 100% presencial a una de no presencial o hibrida, y que la vez permitan conseguir los resultados esperados en un tiempo más acotado.

Ámbito Producto

En este ámbito se debe detalla cómo se realizará la definición, control, validación y aprobación de entregables del producto. Adicionalmente, se debe determinar qué tipo de producto es que se debe desplegar por ejemplo, el producto ya existe en el mercado, es una mejora a uno existente o es una innovación para el mercado.

Complejidad del Proyecto

Luego, de haber completado cada uno de los ámbitos mencionados previamente, debes analizar y asignar un grado de complejidad inicial a tu proyecto.

Para analizar la complejidad del proyecto, se han definido un conjunto de características para cada ámbito, que te permitirán medir su impacto en el proyecto.

Adicionalmente, durante el desarrollo del proyecto, habrá que ir analizando y revisando la complejidad generada en cada uno de los ámbitos. Dado que si se han producidos desviaciones respecto al inicial, será necesario generar las acciones necesarias para corregir el rumbo del proyecto.

A continuación, mostramos las tablas de análisis que usaremos para mostrar el concepto de complejidad del proyecto:

Ámbito Cliente

Características	Complejidad
o El *Cliente* está dispuesto en una misma locación. o La estructura interna del proyecto (roles bien definidos) pertenecen a una misma área de la empresa. o *Usuarios y Patrocinantes* son expertos en el área de desarrollo del proyecto.	1 baja
o El *Cliente* está dispuesto en una misma locación. o La estructura interna para la toma de decisiones involucra una sola área de la empresa. o *Usuarios y Patrocinantes* son expertos en el área de desarrollo del proyecto.	2 media
o El *Cliente* está distribuido en diferentes locaciones. o La estructura interna del *Cliente* para la toma de decisiones involucra varias áreas de la empresa (comercial, finanzas, etc.). o *Usuarios y Patrocinantes* son principiantes en el área de desarrollo del proyecto.	3 alta

Ámbito Equipo

Características	Complejidad

o Todo el *Equipo* esta una misma locación y de manera presencial.
o *Equipo* experto en temas técnicos y de gestión.
o *Equipo* sin proveedores externos.

1 baja

o Todo el *Equipo* está en una misma locación y trabaja de manera hibrida.
o *Equipo* mezcla de personal inexperto con expertos, en temas técnicos y de gestión.
o *Equipo* sin proveedores externos.

2 media

o *Equipo* distribuido en diferentes locaciones y trabaja 100% remoto.
o *Equipo* mezcla de personal inexperto con expertos, en temas técnicos y de gestión.
o *Equipo* sin proveedores externos.

3 alta

o *Equipo* distribuido en diferentes locaciones y trabajo 100% remoto.
o *Equipo* inexperto en temas técnicos y de gestión.
o *Equipo* con proveedores externos.

4 muy alta

Ámbito Gestión y Comunicación

Características	Complejidad
o La *comunicación* se desarrolla en una misma locación para todo el equipo y el cliente.	1 baja

o	No existe *comunicación* con proveedores externos.	
o	La *Comunicación* se desarrolla en una misma locación para el equipo y otra locación para el cliente.	2 media
o	*Comunicación* con proveedores externos.	
o	*Comunicación* remota en distintas locaciones para el equipo y el cliente.	
o	*Comunicación* con proveedores externos.	3 alta
o	*Comunicaciones* mayoritariamente remotas.	

Ámbito Producto

	Características	Complejidad
o	El *Producto* se desarrolla en una tecnología madura y estable.	
o	El *Producto* no se integrará con otros productos o sistemas	
o	El *Producto* no soporta un proceso del negocio	1 baja
o	El Producto ya existe en el mercado o la empresa	
o	El *Producto* se desarrollará en una tecnología madura y estable.	2 media
o	El *Producto* se integrará con otros sistemas	
o	El *Producto* soportará un proceso del negocio	

o El producto por liberar es una mejora a uno ya existente en el mercado o la empresa	
o El *Producto* se desarrolla en una tecnología madura y estable. o El *Producto* se integra con otros sistemas o El *Producto* soportará un proceso crítico de la empresa o El producto es una innovación para el mercado.	3 alta

Determina la Complejidad

Luego de completar las fichas de complejidad de cada ámbito, sumaremos cada uno de estos valores de forma lineal, para desplegar el valor de complejidad del proyecto, como se muestra a continuación.

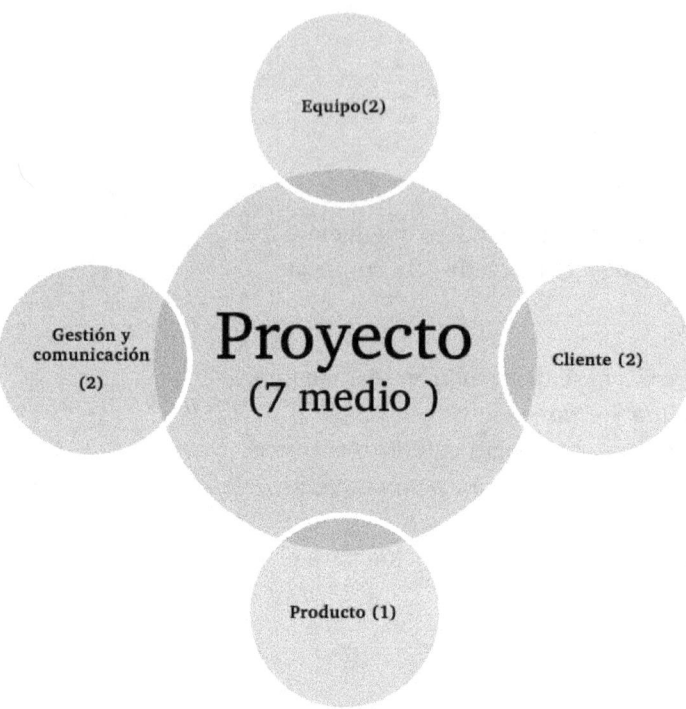

Figura 5 Complejidad del Proyecto

Nota

Si consideras que alguno de los ámbitos tiene un peso relativo mayor respecto al resto, puedes aplicar un factor distinto en la sumatoria de los valores para calcular la complejidad de tu proyecto.

Rangos de complejidad

A continuación, definimos los rangos de complejidad en los cuales puede variar el proyecto, para su posterior clasificación:

  o   4 y 6   complejidad *Baja*

o   7 y 8   complejidad *Media*
o   9 y más   complejidad *Alta*

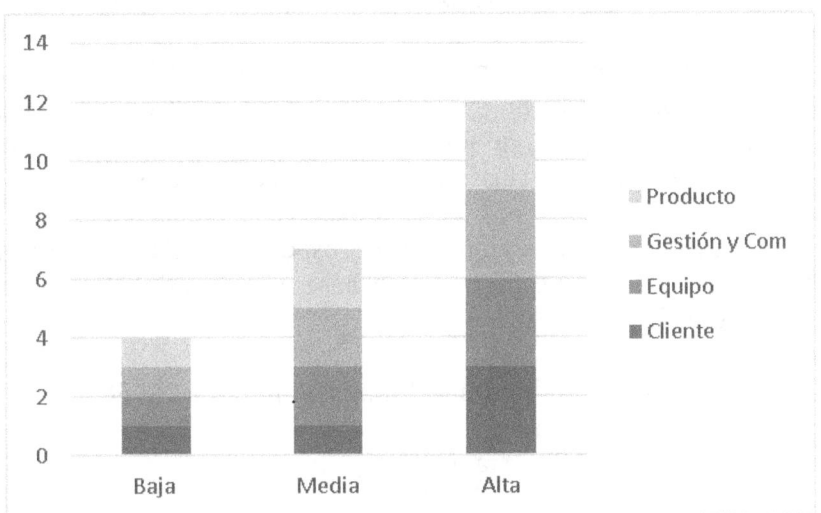

Figura 6 Complejidad en Ámbitos

La importancia de determinar la complejidad de tu proyecto reside en focalizar las estrategias de gestión en aquellos ámbitos en los cuales su puntaje es elevado, dado que, durante el desarrollo de este, pueden convertirse en un problema mayor de gestión.

A continuación, analizaremos un caso práctico para determinar los ámbitos y complejidad de un proyecto.

Caso Práctico

A continuación, se muestra un ejemplo, de cómo se realiza el proceso de definición de los ámbitos y complejidad de un proyecto.

Enunciado

La empresa *OGP INC.* ha encargado a la empresa *HUU INC.* la elaboración de un producto para el Departamento Comercial.

Este producto tendrá la función de predecir la efectividad de conversión de los prospectos en futuros clientes, a través del análisis exhaustivo de las características de cada uno de los prospectos para convertirse en clientes de la empresa.

El ciclo de conversión de un prospecto en cliente se estima en 3 meses, desde que ingresa a la base de datos del Departamento Comercial.

Este nuevo producto tendrá por nombre *PROSPECT*.

La empresa *OGP INC.* ha determinado que:

- o El proyecto será patrocinado por el Director Financiero (Hans Blue) desde Chicago.
- o Los usuarios del sistema (Artur Klo, Bennet Hiu) miembros del Departamento Comercial, estarán disponibles para este proyecto desde Atlanta.
- o El líder interno del proyecto (Alexander Fle) será del Departamento de Proyectos, disponible desde Chicago.
- o El producto deberá integrarse con el ERP actual de la empresa, específicamente con el módulo financiero.
- o El producto deberá operar en todos los teléfonos móviles del personal del Departamento Comercial, tanto dentro como fuera de la empresa.
- o Este producto será un sistema crítico para la gestión de nuevos clientes del Departamento Comercial.

Por otra parte, la empresa *HUU INC*, empresa encargada de desarrollar el producto, ha determinado que:

— Contará con un líder de proyecto (Greck Gast) de alto nivel en Chicago.
— Un equipo senior, técnico y de gestión (Hortar Ju, Hans Ruls, Alex Bjo) en Atlanta.
— Inicialmente se plantea, no contar con proveedores externos para abordar este proyecto.

Ámbito Cliente

Iniciamos el análisis del ámbito del cliente, definiendo la estructura del cliente para abordar el proyecto, la cual nos dará una visión clara de cómo gestionar al cliente en cada situación del proyecto.

Nombre	Artur Klo	Alexander Fle	Bennet Hiu	Hans Blue
Rol / Estructura	Usuario Clave / Departamento Comercial	Líder / Departamento Proyectos	Usuario / Departamento Comercial	Patrocinador / Departamento Financiero
Acciones y Decisiones	Define Requisitos	Aprueba cambios y entregables, Gestiona el equipo interno	Prueba y valida Entregables del Proyecto	Gestiona aprobación de facturas y contrato
Ubicación	Atlanta	Chicago	Atlanta	Chicago

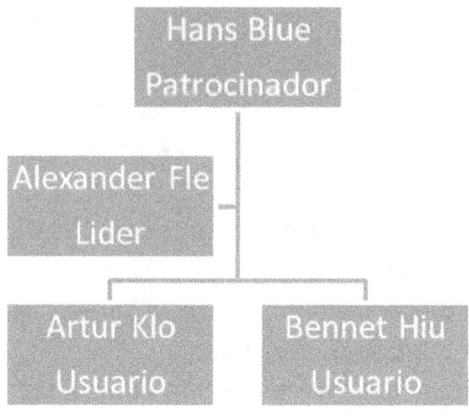

Figura 7 Ámbito Cliente

Ámbito Equipo

Para definir el ámbito del equipo, analizaremos entre otros temas: el rol, estructura y acciones que cada miembro realizará en el proyecto.

Nombre	Hortar Ju	Hans Ruls y Alex Bjo	Greck Gast
Rol/ Estructura	Analista- Consultor / depende del Líder de Equipo	Desarrolladores/ dependen del Líder de Equipo	Líder de equipo
Acciones y Decisiones	Analiza y documenta requisitos con el cliente. Pruebas las funcionales liberadas por los desarrolladores. Mantiene reuniones con los clientes	Codifican y prueban. Mantiene reuniones con los Analistas y Consultores	Gestiona y controla tareas y entregables Mantiene reuniones con los clientes
Ubicación	Atlanta	Atlanta	Chicago

24

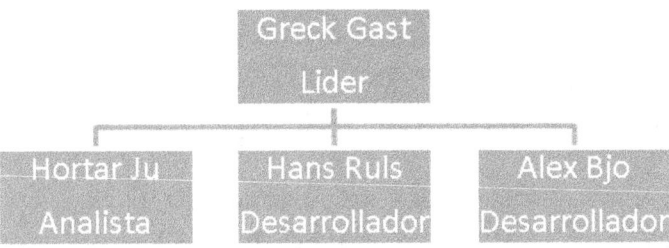

Figura 8 Ámbito Equipo

Ámbito Gestión y Comunicación

En este ámbito definiremos todas las reuniones, comunicaciones, participantes y periodicidad de las gestiones del equipo y cliente durante el proyecto.

Reuniones

Tipo de Reunión	Detalle	Periodicidad	Participantes
Reunión Inicial *(Kickoff)*	Reunión inicial del proyecto o iteración.	Una (1) semana luego de firmar el contrato, se define la reunión de inicio o una (1) semana luego de terminada la iteración anterior.	Todo el Equipo y Cliente

Reuniones de gestión semanal	Reuniones para revisar estados de entregables.	Todos los miércoles (1 hora)	Equipo y Cliente
Reuniones de control interno	Control de tareas: estado, asignación y fechas de término.	Al inicio y al término de la semana (30 min)	Equipo
Reuniones de revisión de funcionalidad y entregables	Se revisa la funcionalidad y entregables del proyecto.	Bisemanal (1 hora)	Equipo y Cliente
Reunión de Riesgos	Control de riesgos: cantidad, asignación y estado.	Al inicio de cada semana (15 a 30 min)	Equipo
Reuniones de requisitos	Sesiones para definir, validar y aprobar requisitos.	Al inicio de cada iteración o inicio de un proyecto (Sesiones de 1 hora)	Equipo y Cliente
Reuniones de trabajo	Se definen reuniones para tratar temas particulares de requisitos o entregables.	Por demanda del Equipo o Cliente (1 hora)	Equipo y/o Cliente

Comunicaciones

Tipo de comunicación	Detalle	Emisor	Receptor
Minuta de reunión	Detalla los temas revisados, acuerdos y pendientes de la reunión.	Equipo	Cliente
Documento de Requisitos	Documento que detalla los requisitos de la iteración o ciclo del proyecto.	Equipo	Cliente
Lista de entregables priorizados	Listado priorizado de entregables por valor del negocio.	Cliente	Equipo
Lista de riesgos del proyecto	Control de riesgos: cantidad, asignación y estado.	Equipo	Cliente
Listado de tareas de la semana	Lista de tareas actuales del proyecto.	Equipo	Equipo
Lista de entregables terminados	Listado de entregables por aprobar.	Equipo	Cliente

Ámbito Producto

A continuación, definimos las gestiones asociadas al ámbito del producto.

Gestiones Producto	Detalle	Periodicidad	Responsables
1	Definición de entregables.	Se definen al inicio de cada iteración o inicio del proyecto.	Cliente y Equipo
2	Lista de entregables priorizados por valor del negocio.	Se definen al inicio de cada iteración o inicio del proyecto.	Cliente
3	Desarrollo de entregables.	Durante la iteración del listado de entregables.	Equipo
4	Control de Entregables.	Bisemanal	Equipo y Cliente
5	Lista de entregables terminados por aprobar.	Al final del ciclo de iteración.	Equipo
6	Listado de entregables aprobados.	Al final del ciclo de iteración.	Cliente

Complejidad

Definidos los ámbitos, ahora nos centrados en determinar la complejidad del proyecto.

Ámbito	Análisis	Complejidad
Cliente	o *Cliente* distribuido en varias ubicaciones. o *Cliente* experto en el área comercial. o Se interactúa con varios departamentos de la empresa (proyectos y Comercial).	3 alto
Equipo	o *Equipo* distribuido en varias ubicaciones. o *Equipo* experto técnico y gestión. o Sin proveedores externos.	2 medio
Gestión y Comunicación	o *Comunicación* remota en distintas ubicaciones.	3 alta
Producto	o *Producto* soporta proceso crítico para el Departamento Comercial. o El *Producto* se integra con sistemas externos. o El *Producto* se desarrolla sobre tecnología conocida para el equipo.	3 alta

A continuación, presentamos de forma gráfica, el impacto de cada ámbito en la complejidad del proyecto.

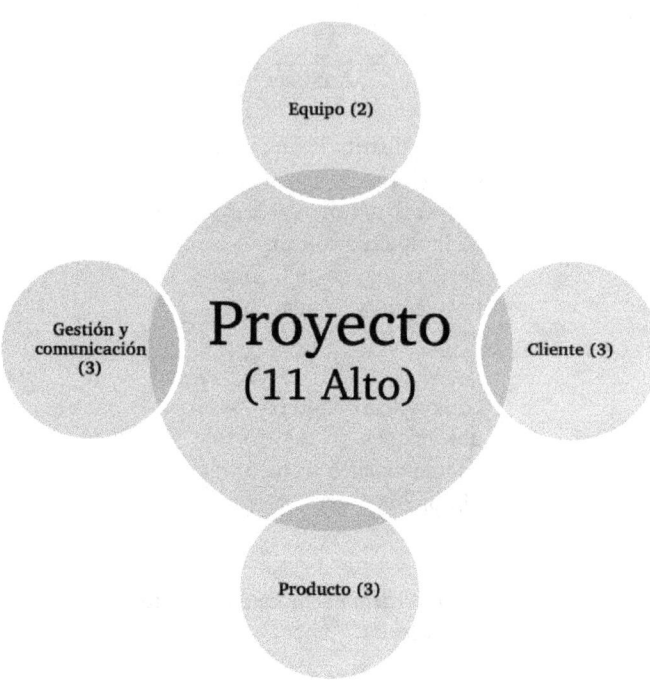

Figura 9 Complejidad Proyecto PROSPECT

Además, podemos visualizar el detalle de como impacta cada ámbito en la complejidad global del proyecto.

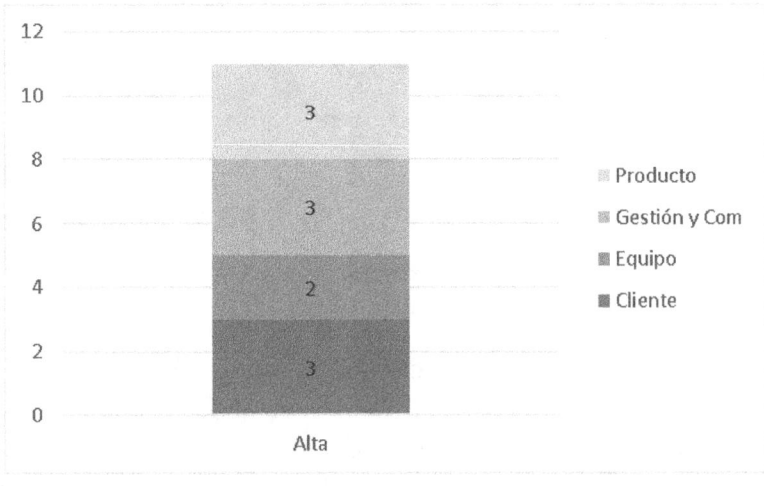

Figura 10 Detalle de Complejidad del Proyecto por Ámbito

Del análisis realizado, se puede inferir, que este proyecto tiene una complejidad *ALTA*, en casi todos sus ámbitos, por lo que es importante contar con estrategias que permitan abordar estas complejidades desde el inicio del proyecto, para reducir y controlar su impacto durante el desarrollo de este.

En los siguientes capítulos, abordaremos estrategias específicas, que te permitirán dar respuesta a las diferentes complejidades que hayas detectado en tu proyecto.

ESTRATEGIA 2: CREA EQUIPOS AUTONOMOS

"Equipos autónomos, más que un ejército sin objetivos."

En la actualidad, con necesidades tan dinámicas y muy poco tiempo para poner un producto al mercado, resulta fundamental contar con equipos altamente integrados, proactivos y capaces de responder de forma rápida y efectiva las necesidades de los clientes.

Por estas razones, nace la necesidad de contar con *Equipos Autónomos de alto rendimiento,* capaces de responder a los nuevos requerimientos de un ambiente cambiante y exigente a la vez.

Posterior a la pandemia del coronavirus el poder contar con Equipos Autónomos de alto rendimiento tomó un rol preponderante para las empresas, por consiguiente, la creación de este tipo de equipos resulta un proceso esencial para lograrlo.

Si revisamos las implicancias de no contar con un equipo autónomo, podemos analizar como contraparte que implicaría no tenerlo, por ejemplo equipos de muchas capas jerárquicas y separación de roles muy marcadas, las que generan estructuras de trabajo pesadas y gestiones lentas, con mucha supervisión, todo lo anterior no permite responder de forma ágil y rápida a las necesidades cambiantes del cliente y el mercado, y por consiguiente no dar el valor esperado al negocio.

Características De Un Equipo Autónomo

Existen características fundamentales, con las cuales podemos identificar a un *equipo autónomo*, entre las que se encuentran las siguientes:

Figura 11 Habilidades y Competencias

Lo fundamental para el éxito de tu proyecto, es que el *equipo autónomo* en su conjunto cuente con estas *habilidades y competencias*, para que cada uno de sus integrantes pueda aportar (sus habilidades y competencias) al equipo, potenciado así, cada una de las acciones requeridas.

A continuación, analizaremos el impacto que puede generar, la ausencia de alguna de estas habilidades y competencias en el proyecto.

Habilidades Sociales

La falta de *habilidades sociales* se puede percibir cuando:

- o Miembros del equipo se aíslan y no interactuarán con el resto, generando silos de conocimiento al interior del proyecto.
- o El equipo no puede llevar a cabo una conversación o reunión de forma autónoma con el cliente.
- o Integrantes del equipo no se comunican ni interactuaran entre sí, generando vacíos de comunicación, que pueden generar retrasos en los entregables y tareas,
- o Tiempos perdidos y retrabajos en el proyecto.

Habilidades de Liderazgo

La falta de *habilidades de liderazgo* en el equipo se manifiesta en las siguientes situaciones:

- o El equipo puede deambular sin un rumbo definido.
- o No se tiene claridad de los objetivos ni propósito del proyecto, serán como un rebaño sin un rumbo claro.
- o Aumento de los malentendidos y conflictos al interior del equipo y de cara al cliente.
- o Descoordinaciones internas y de clara al cliente.
- o Aumentos de los tiempos de desarrollo en tareas y entregables.

- o Retrabajos.
- o Aumentos de los gastos del proyecto.

Habilidades de Negociación y Comunicación

El equipo deberá contar *habilidades de Negociación y Comunicación* para abordar temas como:

- o Escuchar y entender lo que se está comunicando.
- o Redactar y acordar requisitos o cambios con el cliente.
- o Revisar y aprobar funciones de un producto o entregable.
- o Comunicar de forma clara y efectiva los mensajes que deseas trasmitir al cliente o equipo.
- o Definir alcances y negociar fechas de entregables con el cliente.
- o Interactuar de forma correcta entre todos los miembros del equipo.

Competencias de Administración y Gestión

Este tipo de competencias repercuten en la gestión de tareas y entregables.

- o El equipo al no poder gestionar y administrar sus propias tareas, no tendrán claridad de cuales son prioritarias y en qué orden se deben realizar.

- o Podrían existir descoordinaciones en el equipo y de cara al cliente.

- o No existe autogestión de cada uno de los integrantes del equipo para abordar sus compromiso y tareas del proyecto.

Competencias Técnicas

Esta falta de competencias técnicas será evidente en la calidad de los entregables, dado que, desde el punto de vista del producto, el equipo no tendrá lo conocimientos y capacidades técnicas requeridas.

El impacto de no contar con estas características puede verse reflejado en:

- o Aumentos del tiempo requerido para realizar las tareas.
- o Retrabajos.
- o No terminar determinadas por falta de competencias.
- o Aumento del gasto y riesgos del proyecto.
- o Problemas de aceptación del entregable o producto por parte del cliente.
- o No cumplimiento de los plazos y estimaciones realizadas.

Competencias éticas del equipo.

Esta es una competencia fundamental que debe contar todo miembro del equipo que participa de un proyecto. Esta competencia se relaciona con un sentido ético basado en principios y valores de justicia, bien común y de dignidad de la persona que ejerce su profesión.

Por lo tanto, si se detectan faltas a la ética en el equipo, éstas deben ser erradicas de inmediato, primero, por el bienestar del equipo, y segundo el normal desarrollo del proyecto.

Las faltas a la ética de alguno de los integrantes del equipo pueden generar grandes problemas al equipo y al proyecto, si éstas no son detectadas de forma temprana.

La recomendación en este tipo de situaciones es analizar el orden de magnitud de la falta. Si fuera de una magnitud importante y pone en riesgo el proyecto, la acción más idónea será cambiar al integrante que ha cometido la falta, por el bien del equipo y el éxito del proyecto.

Ventajas de los Equipos Autónomos

Las principales ventajas de contar con *Equipos Autónomos* son:

1. Aumenta la eficiencia y productividad del equipo.

2. Optimizan el tiempo, disminuyendo gastos en horas no productivas y retrasos.

3. Aumento del valor percibido por el cliente a lo largo del proyecto, al liberar más entregables con el mayor valor esperado en el menor tiempo.

4. Mejoran la comunicación y sinergias del equipo, eliminando silos de conocimiento al interior del proyecto.

5. Disminución del riesgo asociado al ámbito equipo del proyecto.

6. Entienden el propósito del proyecto y valor de sus resultados para el cliente y el negocio.

Crear Tu Equipo Autónomo

La estrategia de *Equipos Autónomos* te permitirá dar agilidad y rapidez a tu equipo para lograr el propósito y objetivos del proyecto.

A continuación, se presentan los pasos más relevantes que te permitirán crear un *Equipo Autónomo* de alto rendimiento para tu proyecto.

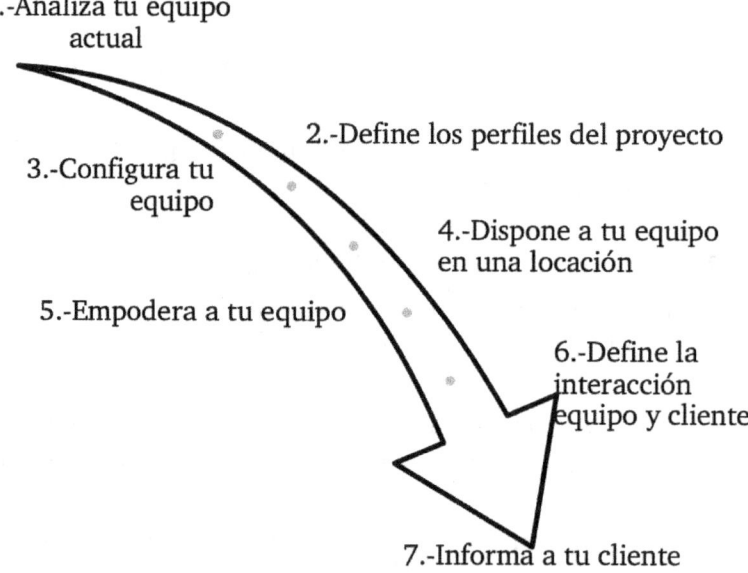

Figura 12 Pasos para crear Equipos Autónomos

Paso 1: Analiza tu equipo actual

El primer paso para la creación de tu *Equipo Autónomo* es analizar los diferentes perfiles y madurez del equipo actual, para asumir las nuevas responsabilidades y competencias durante el desarrollo del proyecto.

Si tu análisis arroja que no existe la madurez necesaria en tu equipo, ni los perfiles existentes pueden liderar esta nueva etapa, tendrás que contar con un líder externo que pueda ayudar a la transición y gestión del equipo, además de contratar nuevos perfiles que puedan contar con estas capacidades y habilidades para asumir los nuevos desafíos de ser un equipo autónomo.

Paso 2: Define los perfiles del proyecto

Analiza los nuevos perfiles necesarios para abordar tu proyecto, por ejemplo: Analistas, Desarrolladores, Arquitectos de software, Arquitectos de redes, Consultores, etc.

Primero, busca internamente en tu equipo, si cuentas con los perfiles requeridos para incorporarlos a tu *Equipo Autónomo*.

Segundo, determinar si los perfiles actuales pueden cumplir con los desafíos como:

- o Entender el propósito del proyecto más allá de su propio ámbito de trabajo y el impacto en el negocio.
- o Entender por qué están realizando sus tareas y el impacto en el desarrollo del proyecto.
- o Poder detectar el valor de sus entregables y la calidad de estos al negocio.

- o Generar comunicación asertiva de manera de eliminar trabas y aclarar dudas rápidamente.
- o Poder ayudar al cliente a priorizar el impacto de cada entregable para el proyecto y su valor en el negocio.
- o Proactividad y autogestión en avanzar en las tareas asignadas sin necesitas de control directo ara concluirlas.

Paso 3: Configura tu equipo

Dispone tu equipo en *células* (máximo 6 a 8 personas), que cuenten con más de un perfil del que necesitas (ejemplo: desarrollador, consultores, analistas, líder) permitiéndote abordar más temas por integrante, dándote más *amplitud funcional*, con la posibilidad de integrar más funciones al equipo de forma autónoma.

Cada *célula* será capaz de desarrollar uno o más entregables desde su concepción hasta la aprobación del cliente, agilizando todo el proceso de liberación para la entrega de resultados.

Paso 4: Dispone a tu equipo en una locación

El disponer a tu equipo o células en una misma locación ayudará a la comunicación y sinergia entre los integrantes, evitando la creación de **silos e islas de información** dentro del equipo.

Si los equipos o células no pueden estar en un mismo lugar físico, y deben estar dispuestos de forma remota, se deberá definir acuerdos para la interacción del equipo y su entorno:

- Los mecanismos para mantener la comunicación fluida entre los integrantes,
- Definición de canales de comunicaciones y reuniones del equipo
- Procedimiento de resolución de controversias para lograr avanzar.

Paso 5: Empodera a tu equipo

El *empoderar* a tu equipo, implica una gran responsabilidad y confianza en el equipo, en el sentido, que este pueda tomar decisiones de forma autónoma y oportuna, sin tener que subir los niveles jerárquicos para avanzar. Es importante que, en función de la madurez y evolución del equipo, puedan tomar un conjunto de decisiones de forma autónoma.

Para implementar lo anterior, deberás definir un listado de temas en los cuales el equipo podrá tomar decisiones de forma autónoma, por ejemplo:

- o Aspectos de diseño de los datos y base de datos.
- o Aspectos técnicos de integración e intercambio de información entre productos.
- o Mejoras en procesos internos para el despliegue del producto de forma acelerada.
- o Corrección de errores de forma inmediata, desde el momento en que son detectados los errores, sin esperar que sean informados por el cliente.
- o Asignación y priorización de tareas internas del equipo.
- o Definir en cuales reuniones con el cliente, puede tomar decisiones y/o participar autónomamente.
- o Otros aspectos del proyecto.

Paso 6: Define la interacción equipo y cliente

Lo importante en este paso, es que definas claramente cómo será la relación del equipo y el cliente, a continuación, mostramos la interacción de tus equipos con el cliente.

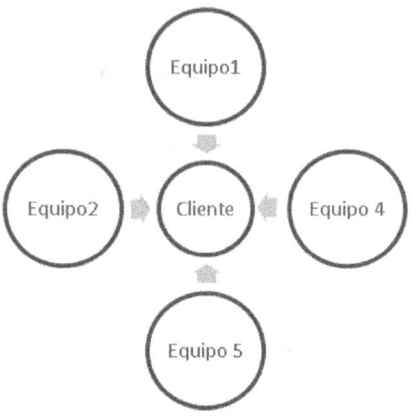

Figura 13 Interacción Equipo - Cliente

Paso 7: Informa a tu cliente

Al momento de iniciar el proyecto o iteración, deberás informar al cliente sobre las atribuciones que tendrá el *Equipo Autónomo*, para así agilizar la comunicación y toma de decisiones.

Equipos Autónomos Deslocalizados y Remotos

Cuando tu proyecto cuenta con equipos deslocalizados y remotos es importante considerar las siguientes alternativas:

Equipos Células Deslocalizados

Organiza los equipos remotos de las distintas locaciones, en términos de perfiles, esto quiere decir que cada equipo remoto será un *Equipo Autónomo* con sus diferentes perfiles, permitiendo que aborden entregables, sin necesidad de requerir el apoyo mayoritario de otros equipos, sobre todo cuando tiene una diferencia importante de más de 5 horas.

Equipos por Especialidad Deslocalizados

Si tus equipos remotos están distribuidos por especialidad en las distintas locaciones (*por ejemplo: Desarrolladores en un sitio y Analistas en otro*) para lograr liberar entregables de forma ágil, tendrás que considerar algunas acciones importantes, las cuales deberán transformarse en hábitos del equipo en el corto plazo para tener éxito:

o Informar los objetivos de la semana, señalando claramente los entregables a abordar. Esta actividad deberá ser informada a través de reuniones presenciales o vía videoconferencias donde participe todo el equipo.

o Redoblar la comunicación en ambos sentidos, con reuniones diarias al inicio de cada jornada para alinear los diferentes equipos y focalizar las tareas específicas en las cuales deberán trabajar en conjunto.

o Usar herramientas de mensajerías instantánea para la comunicación en tiempo real entre los miembros de los equipos.

o Un correo único para temas del proyecto, con la finalidad de mantener informado a todos los equipos de las últimas noticias del proyecto.

Interacción de Equipos Deslocalizados y Remotos

A continuación, se muestra la interacción de equipos deslocalizados y remotos trabajando con células de apoyo.

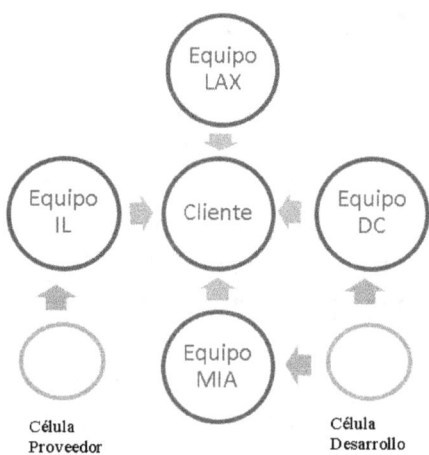

Figura 14 Interacción del equipo con células de apoyo

Equipos Autónomos Con Proveedores

En el caso de equipos con proveedores externos, analizaremos dos escenarios posibles:

Proveedor como parte del equipo

En este tipo de situaciones, donde el equipo del proveedor es un miembro más del equipo interno, y trabaja en la misma locación, podemos utilizar los mismos pasos descritos previamente, para la creación de *Equipos Autónomos* sin proveedores.

Proveedor como célula externa al equipo

Cuando el proveedor funciona de forma separada del equipo, como una *célula* externa de apoyo al equipo, esto corresponde a un servicio externo a tu organización, por lo que lo primero es definir claramente las funciones que realizará el proveedor, segundo los entregables exigidos, y niveles de servicio en variables de tiempo de respuesta, calidad y valores por hora o tarea de los entregables, de la misma manera que se definieron las actividades internas que puede desarrollar el equipo de forma autónoma.

Con esta separación de funciones específica, tendrás una nueva célula de trabajo autónoma como parte de tu equipo y que te entregara entregables específicos para cumplir tus objetivos.

Interacción de Equipos Autónomos con Células de Apoyo

A continuación, se muestra como interactuaría tu equipo con células de apoyo externas.

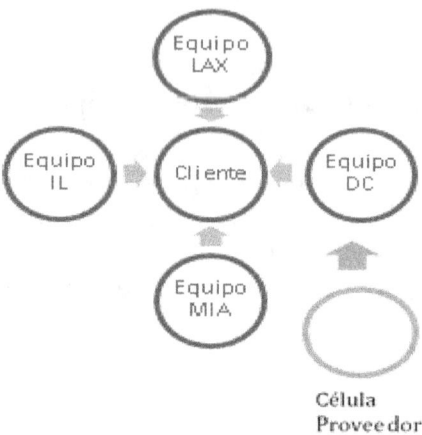

Figura 15 Equipos Autónomos con Células

Cooperación En Equipos Autónomos

La *cooperación* en equipos autónomos es una característica clave para el éxito del proyecto y obtención de los resultados esperados por el cliente.

Algunos de los beneficios de la cooperación en *equipos autónomos* son los siguientes:

- o Construye relaciones al interior del equipo.
- o Aporta valor al equipo y cliente.
- o Genera confianzas al interior del equipo y refuerza su estructura organizacional.
- o Expande el conocimiento del equipo para generar resultados.
- o Genera mejores resultados al cliente.
- o Genera identidad del equipo con el valor que entrega.
- o Aumenta la productividad de todo el equipo.

Caso Práctico

Enunciado

Continuando con el proyecto *PROSPECT*, la empresa *HUU INC* ha determinado finalmente, que el equipo ideal para abordar el proyecto quedará conformado de la siguiente manera:

- o Líder de proyecto (Greck Gast) de alto nivel en Chicago.
- o Equipo Senior de Analistas (Jean Ro, Robert Hlis) en Chicago.
- o Equipo Senior de desarrolladores (Hortar Ju, Hans Ils) en Atlanta.
- o Se ha definido, que existirá un proveedor externo para abordar desarrollos desde Chicago.

Estructura del equipo

La estructura del equipo del proyecto quedará definida de la siguiente forma:

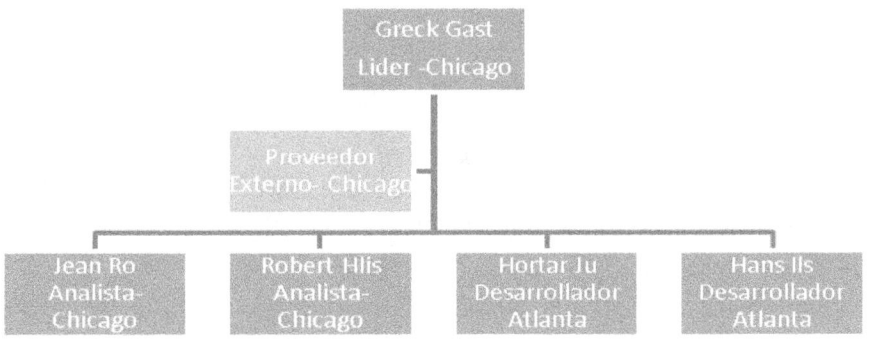

Figura 16 Estructura del equipo

Interacción del equipo

La interacción del equipo con su proveedor y el cliente quedará definida de la siguiente forma:

Figura 17 Interacción del equipo PROSPECT

Nota

Una de las particularidades de los Equipos Autónomos, es que no todas las células deben interactuar con el cliente, en nuestro caso práctico, solo el equipo de Chicago interactúa con el cliente de forma directa.

ESTRATEGIA 3: *GESTIONA TU CLIENTE*

"Guía a tu cliente, como un lazarillo guía el camino"

Esta estrategia te permitirá gestionar a tu cliente de forma proactiva, permitiendo entregarle valor en cada gestión que realices.

Tomando como base el análisis del ámbito del *Cliente, Gestión y Comunicación*, debes definir la forma como se gestionará el cliente en las distintas situaciones del desarrollo del proyecto.

Análisis De Gestiones

Para iniciar el *análisis de gestiones*, abordaremos algunos tópicos que impactan directamente en la gestión con tu cliente.

En general, las personas y equipos están influenciados directamente por su cultura, personalidad y el contexto en el que se desenvuelven. Por este motivo, resulta relevante analizar sus influencias culturales a la hora de tomar decisiones, ante determinadas situaciones que pueden ocurrir durante el proyecto.

Consideraciones Culturales En La Gestión

Unos de los temas importantes de abordar antes de toda gestión, es referente a las consideraciones culturales de los clientes, las cuales pueden afectar de forma directa tu *gestión del proyecto.*

Como definición, señalaremos que la *cultura* permite a las personas, compartir motivaciones, experiencias y eventos comunes. Los cuales, se van trasmitiendo de generación en generación. Esto marca una forma de ver la vida, expresarse y comunicarse en todos los ámbitos de esta.

Dado lo anterior, en la práctica, no podrás gestionar de igual forma a un cliente de *Asia* que otro de *Latinoamérica,* en términos de lenguajes, modismos y formas de abordar gestiones y problemas durante el proyecto.

Por este motivo, es necesario conocer previamente algunos aspectos culturales de tu cliente antes de iniciar el proyecto.

Analicemos el caso de las reuniones de proyectos para dos clientes distintos, para ver algunas consideraciones que son importantes de analizar.

Cliente Asiático:

- o Al momento de presentarte, deberás dar prioridad a saludar a las personas mayores y de mayor jerarquía en la organización.

- o Los saludos deberás realizarlos a través de una reverencia, inclinando la cabeza y mirándolos a los ojos.

- o Cuando entregues tu tarjeta de presentación, hazlo con las dos manos, es signo de buena educación y respeto hacia el destinatario.

- o Al momento de sentarse, la señal la darán las personas mayores del cliente, para que el resto de los integrantes del equipo proceda a sentarse.

o La reunión se iniciará en el horario estipulado y se seguirá una agenda previamente establecida.

o No se permiten bromas ni extensas conversaciones de temas que no están en la agenda.

Cliente Latinoamericano:

o El saludo en general es estrechando la mano del cliente, como signo de respeto.

o Al momento de presentarte al cliente puede existir una conversación más informal.

o Previo a la reunión, los asistentes podrían conversar acerca de temas como: el clima, deportes, familia, etc.

o La reunión se inicia cuando todos los integrantes han llegado a la sala.

o Podrán existir consultas fuera de la agenda, que deberán ser gestionadas de forma adecuada.

Cada uno de los puntos comentados previamente, demuestran la diversidad cultural con la que te puedes encontrar en tu proyecto. Por lo que resulta importante analizar estas diferencias culturales, de lo contrario, no lograrás una efectiva *gestión de tu proyecto*.

A continuación, detallamos algunas recomendaciones para gestionar reuniones con clientes de diversas culturas en tu proyecto.

Recomendaciones Para La Gestión Con Diversas Culturas

Algunas recomendaciones para gestiones con diversas culturas son las siguientes:

o Preséntate ante el cliente de manera formal, valida el tipo de saludo, que es culturalmente correcto para tu cliente.

o Llega a la locación de la reunión a lo menos 15 a 20 minutos antes, para preparar todo el equipamiento necesario para iniciar.

o Si la reunión es remota utiliza una cámara para presentarte de forma visual, esto genera una conexión más cercana con tu cliente.

o Utiliza lenguaje claro y formal para explicar cada uno de los temas. No utilices modismo ni dialectos locales.

o Cuida tu lenguaje no verbal y modales durante las reuniones, para evitar interpretaciones erróneas.

o Se claro y conciso en explicar cada uno de los temas que se están abordando.

o No realices bromas ni chistes durante la reunión, dado que perderás el foco de los asistentes en los temas a tratar.

o Mantén el autocontrol emocional para gestionar clientes de diversas culturas, dado que este tipo de gestiones traen asociado un alto nivel de estrés.

o Prepara con tiempo cada gestión que debas realizar con el cliente.

o Debes estar preparado para considerar que alguna gestión puede tomar más tiempo y esfuerzo, debido a la diferencia cultural y estructura organizacional de tu cliente.

o Analiza previamente sus intereses y necesidades antes de proceder con alguna gestión con tu cliente.

o Visualiza a tu cliente como un socio para lograr el éxito del proyecto.

o Es importante que durante las gestiones logres credibilidad, empatía y detectes las necesidades reales de tu cliente

o Emplea una excelente comunicación durante las reuniones y gestiones con tu cliente.

Negociaciones con tu cliente

Realizar una correcta *negociación con tu cliente*, es una competencia que debes dominar para el éxito en la gestión de tu proyecto.

Lo pasos relevantes que deberás considerar a la hora de llevar adelante una negociación con tu cliente son:

o Define los objetivos que buscas lograr y un margen en cual estarías satisfecho de cerrar el acuerdo (máximo y mínimo).

o Busca intereses en común que te permitan generar puentes de acercamiento para llegar a un acuerdo con tu cliente.

o Los problemas se resuelven a través del dialogo abierto y disposición de ambas partes. Se empático con tu cliente.

o Ponte por un minuto en la posición de tu cliente y piensa que busca conseguir con el acuerdo, que beneficios espera de este y cuál serían sus márgenes aceptables para cerrar el acuerdo.

o Analiza como tu cliente aborda las negociaciones, esto implica escuchar y entender el modo y la forma como se comunica, además de su lenguaje no verbal.

o Determina cuales son los intereses, opciones y alternativas de tu cliente para avanzar, más que su posición actual en las negociaciones.

o Busca ampliar las opciones de solución (propone más de una alternativa al problema), a través de nuevos antecedentes o beneficios para llegar a un nuevo escenario de negociación.

o Busca siempre llegar a un escenario de acuerdo ganar-ganar donde ambas partes sientan que han recibido algún beneficio adecuado del acuerdo.

o El autocontrol en la negociación y gestión son claves para llegar a un buen acuerdo.

o Cuando consigas el acuerdo verbal, elabora un documento para dejar constancia de los términos específicos del mismo y firmarlo con tu cliente.

Listado De Gestiones

A continuación, detallamos un listado tipo de gestiones que deberás realizar con tu cliente:

Negociación del contrato

Respecto a la *gestión del contrato* con tu cliente, es importante que consideres los siguientes puntos:

o   Analiza cuales son los aspectos que te interesa dejar en el contrato y resultan importante para tu proyecto.

o   Detallas las cláusulas claves que te interesa incluir:

- Obligaciones para el cliente.
- Obligaciones para el proveedor.
- Tipo de modalidad del contrato:
    - Precio fijo.
    - Tiempo y material. (*se fija un precio por hora y el material usado*)
    - Otros.
- Relación contractual y laboral entre las partes.
- Cláusulas de confidencialidad.
- Métricas y/o condiciones ambientales del producto.
- Plazos e hitos del proyecto.
- Entregables esperados. (*si es necesario, adjunta especificaciones técnicas*)
- Forma de pago y cobros asociados.
- Arbitrajes y mediaciones en caso de controversias.
- Cláusulas de salida y término anticipado del contrato.
- Otras.

o   Realiza reuniones de revisión del contrato, en función de la evolución de versiones del contrato. A lo menos, una vez por semana para revisar avances.

o   Es importante que luego de cada sesión de revisión del contrato, dejes por escrito y formalizado en el mismo documento de contrato, los ajustes y términos acordados o agregados.

Nota

Nunca inicies tu proyecto, si no existe acuerdo acerca de las cláusulas del contrato y este no está firmado, dado que aumenta el riesgo de gestión del proyecto.

Reunión inicial

En esta reunión inicial, debes tener claro el enfoque que usarás, en función de este enfoque definirás los puntos esenciales que deseas presentar para el inicio del proyecto.

Es importante que, en esta reunión inicial, tomes un rol de liderazgo para el control de la agenda y tiempos estipulados en cada uno de los tópicos que presentarás al cliente y los interesados del proyecto.

A continuación, te presentamos los dos enfoques que puedes usar para la reunión inicial con el cliente:

o   Enfoque 1: Visión Ejecutiva (20-30 min)

  - Propósito del proyecto, como visión general del producto.
  - Presentación de los ámbitos Cliente y Equipo.
  - Presentación del ámbito de Comunicación y Gestión.
  - Palabras del patrocinante del proyecto.
  - Próximas acciones.
  - Dudas del proyecto.
  - Cierre de la reunión.
  - Envío de minuta.

o   Enfoque 2: Visión Detallada (45 min - 1 hora)

- Propósito del proyecto, como visión del producto esperado.
- Presentación de los ámbitos Cliente y Equipo.
- Presentación del ámbito de Comunicación y Gestión.
- Palabras del patrocinante del proyecto.
- Visión del plan y fechas importantes de los entregables.
- Riesgos iniciales.
- Próximas acciones.
- Dudas del proyecto.
- Cierre de la reunión.
- Envío de minuta.

Nota

Previamente el Líder del proyecto y el Patrocinante han acordado durante el ámbito de Comunicaciones y Gestión, la fecha y lugar de la reunión.

Es normal que, al inicio de una iteración o inicio del proyecto, el cliente no tenga claridad respecto a lo que necesita en detalle, por lo que tu rol será fundamental para orientar al cliente en lograr saber lo que realmente necesita definir para resolver su problema.

Definición de Requisitos y Cambios

Para las reuniones y sesiones de toma de requisitos y cambios, debes definir previamente:

- o El tipo de requisito o cambio que deseas definir.
- o El perfil del cliente que debe participar.
- o Los integrantes del equipo que deseas que participe.
- o Definir los apartados del documento de requisitos o cambio.

Luego de terminada la reunión de toma de requisitos o cambios, enviar al cliente el documento con el detalle descrito para que apruebe el requisito.

Finalizadas todas reuniones de tomas de requisitos o cambios, pedir al cliente firmar el documento final para gestionar el desarrollo de los entregables.

Nota

Para más información de Requisitos, revisar el capítulo sobre la Estrategia de Requisitos Efectivos.

Control y seguimiento de entregables

Es importante, que planifiques la gestión de los temas a tratar en este tipo de reuniones con el cliente, las cuales deben incluir:

o   Estado actual de los entregables en desarrollo.
o   Fechas de cierre para validación.
o   Problemas y riesgos detectados con el cliente.
o   Aclaración de dudas para avanzar en los entregables.
o   Priorización de entregables para la próxima reunión.

Adicionalmente, y como parte de la gestión del cliente, es importante que en estas reuniones vayas gestionando las expectativas del cliente sobre los entregables y evitar así, sorpresas de última hora, que puedan ocasionar conflictos innecesarios.

Revisión y aceptación de entregables

Para este proceso, es importante gestionar previamente:

o   El plan de pruebas del entregable.
o   Preparar el ambiente donde se realizará la revisión.
o   Contar como mínimo con un representante del equipo y cliente.

o Preparar un documento de Aceptación del Entregable.
o Revisar el documento de aceptación del entregable para que el cliente acepte el entregable para su firma.

Nota

Para más información de Entregables revisar el capítulo sobre la Estrategia "Buscar Resultados".

Capacitación del cliente

Para esta gestión es necesario:

o Acordar con el cliente las fechas y tiempo destinado para la capacitación.

o Definir con el cliente, si existirá un usuario líder del sistema, para diferenciar el tipo de capacitación que se le dará a este usuario durante el proceso.

o Definir un plan de capitación para los entregables, de acuerdo con las fechas y tiempo destinado para el proceso.

o Preparar manuales de uso y operación del producto.

o Gestionar con el cliente, antes de impartir la capacitación, la aprobación del plan de capacitación.

o Gestionar con el cliente, la firma de la realización de la capacitación, una vez realizada.

Cierre del Proyecto y Contrato

Para esta gestión es necesario:

o Preparar una reunión de cierre del proyecto con todos los interesados del proyecto.

o Preparar un documento de aceptación y cierre de todas las cláusulas del contrato:

- Donde se mencionan los entregables aceptados.
- La documentación entregada.
- Además de mencionar, que se ha cumplido con todo lo estipulado en el contrato.

o En el escenario, que el cliente acepte el *documento de cierre del proyecto*, proceder a la firma del documento en la misma reunión como signo de aceptación y cierre del contrato.

Clientes Deslocalizados

En proyectos donde tu cliente esta deslocalizado y la interacción es solo de forma remota, la complejidad de estos proyectos resulta bastante elevada. Todas las gestiones, como: resolver temas pendientes, comunicaciones y resolución de conflictos son mucho más lentas y complejas. Todos estos factores, aumentan la complejidad de tu proyecto como hemos comentado previamente.

Nuestra recomendación para este tipo de proyectos es aplicar algunas de las siguientes acciones que te ayuden a reducir la complejidad del proyecto:

o Previo a la reunión, envía la agenda de los temas a tratar.

o Usa un software de videoconferencia durante la reunión.

- o Comparte la pantalla con los temas que estas revisando, para que ambas partes vean lo mismo.

- o Envía una minuta terminada la reunión.

- o Aumenta la periodicidad de reuniones y sesiones para aclarar dudas con el cliente.

Nota

Es altamente recomendable, que el proceso de definición de requisitos se realice de forma presencial, esto ayudará a generar confianzas, mejorar alcances y disminuir retrabajos posteriores en el proyecto.

Caso Práctico

Enunciado

Continuando con el proyecto *PROSPECT*, se han producido los siguientes acontecimientos:

- o Se ha firmado el contrato.
- o Se han definidos los equipos del cliente e internos.
- o Se han acordado las fechas y plazos del proyecto.

El siguiente paso es preparar la reunión inicial del proyecto.

Gestiones

Los pasos que se deben considerar para la reunión inicial son los siguientes:

- o Gestionar con el cliente

- El día acordado para la reunión será el lunes 23 de febrero.
- El nivel de profundidad de la reunión será detallado.

o Gestiona con el equipo

- El rol de cada integrante del equipo.

- Las funciones de autonomía del equipo durante el proyecto.

- Revisión previa del alcance general del proyecto y los riesgos iniciales que se visualizan.

o Preparación de la reunión

- Envío de cita de la reunión con los temas a tratar.

- Validar el sistema de comunicación empleado para la reunión con los integrantes deslocalizados.

o Posterior a la reunión

- Envío de minuta con los temas tratados y acuerdos.

- Próximas acciones del equipo y cliente.

ESTRATEGIA 4: COMUNICA 360

"Si no lo comunicas, no existe en tu proyecto"

Durante y posterior a la pandemia la estrategia de comunicar adecuadamente durante el desarrollo del proyecto se transformó en una estrategia clave y fundamental a la hora de gestionar y controlar tu proyecto. La *comunicación* es la base de toda gestión exitosa de proyectos.

Consideraciones Para La Comunicación Efectiva

Existen algunas consideraciones esenciales para una comunicación efectiva, entre las cuales podemos mencionar las siguientes:

- o ¿Qué deseas comunicar?

  - Un concepto, deseo, orden, una historia, etc.

- o ¿A quién deseas comunicar?

  - Equipo, cliente, proveedor, etc.

- o ¿Cómo?

  - Defines como vas a comunicar el mensaje.

  - En función de que deseas comunicar y a quien debes envías el mensaje, defines el medio por el cual lo deseas transmitir, por ejemplo: comunicación escrita, oral, remota, presencial, otra.

o ¿Para qué?

- Debes definir el objetivo buscado con el mensaje, sino tienes claridad para que comunicas, no sabrás si el proceso fue exitoso.

Efectividad En Las Formas De Comunicación

La comunicación puede tener mayor efectividad en función de la forma como te comunicas, por ejemplo: es más efectiva una reunión en persona que un correo electrónico, dado que en el primero puedes comunicar de forma verbal y no verbal.

A continuación, mostramos la efectividad en función del medio que uses para comunicarte:

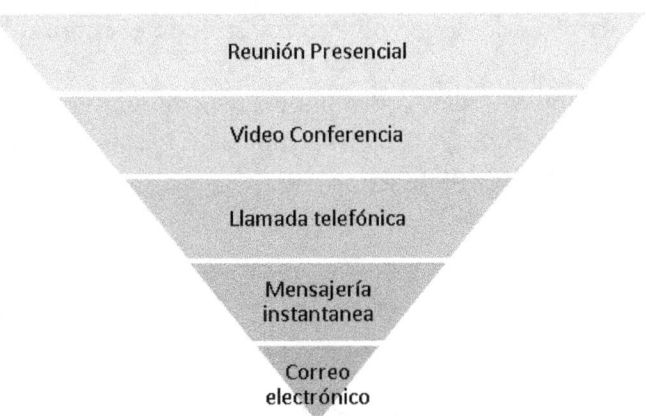

Figura 18 Efectividad en función del medio de comunicación

Problemas de comunicación

La falta de comunicación en tu proyecto puede generar los siguientes problemas:

o Errores de interpretación de requisitos del cliente.

o Falta de entendimiento del entregable a liberar al interior del equipo.

o El resultado del entregable no está de acuerdo con lo que esperaba el cliente.

o Los miembros del equipo, en otras localidades no tiene claridad de las tareas que deben abordar.

o El equipo no tiene claridad de la prioridad de sus tareas.

o El cliente no sabe cuándo recibirá el primer entregable.

o El requisito no ha quedado claramente definido para su desarrollo y se debe volver a revisar con el cliente.

Cada uno de estos problemas puede generar un impacto importante en el proyecto, en términos de tiempo, calidad y gastos adicionales por retrabajos y otros.

Comunica en función del perfil

En tu proyecto tendrás distintos tipos de comunicación en función del perfil que tenga tu cliente o equipo, por ejemplo:

o La Generación millennials (1981-1993) se comunica nativamente vía mensajería instantánea y redes sociales.

o La Generación X (1969-1980), en general se sienten cómodos comunicándose vía correo electrónico o una llamada telefónica.

o Los Baby Boomers (1949-1968), en general prefieren comunicación presencial, telefónica y en papel.

Nota

Estas afirmaciones son generalistas, por lo que, en función de tu proyecto y los perfiles de tu cliente y equipo, deberás validar porque medio te comunicaras de forma más efectiva con cada uno de ellos.

Recomendaciones para comunicar en diferentes situaciones

A continuación, detallamos algunas recomendaciones para mejorar la forma de comunicar durante el desarrollo del proyecto:

o Para comunicar crea un clima de colaboración con el equipo y el cliente.

o Comunica buenas noticias y problemas en el tiempo adecuado, no pospongas la comunicación.

o Se honesto en comunicar las noticias.

o Adelántate a las situaciones y comunica de forma oportuna, siempre cuando comuniques mantente en clama.

o Mantén la misma formalidad para comunicar las diversas situaciones del proyecto.

o Estandariza la forma como comunicarás durante el desarrollo del proyecto.

Comunicación durante las Reuniones

Para las reuniones es importante:

o   Determina los participantes idóneos para la reunión.

o   Enviar la agenda de los temas a tratar.

o   Envía la cita en la zona horaria del destinatario.

o   Presentarte ante el cliente de manera formal y luego presenta a tu equipo si es la primera reunión.

o   Si la reunión es remota con clientes o equipos deslocalizados, prepara los sistemas de comunicación de mensajería y software que te permitan compartir la pantalla para ir revisando los temas.

o   Inicia la reunión revisando los temas que se van a tratar.

o   Lidera el control de la agenda, iniciando por el primer tema de la agenda.

o   Si algún tema se extiende más de lo estipulado, informa que se tratará en una reunión aparte de trabajo, para avanzar al siguiente punto.

o   No utilices modismo, solo lenguaje formal y preciso en explicar cada uno de los temas que se están abordando.

o   Envía la minuta con los temas tratados y los acuerdos revisados.

Acciones claves para agilizar la comunicación de equipos remotos y deslocalizados.

o Comunicación de forma interactiva a través de chat, mensajería instantánea y video llamadas.

o Crear grupos de correos para el equipo y el cliente, donde se pueda compartir la información del proyecto de forma rápida y clara.

o Reuniones diarias de trabajo para validar pendientes y dudas de cada integrante del equipo.

o La Comunicación debe ser clara, fluida y rápida para evitar malas interpretaciones de los receptores del mensaje.

Nota

Si es necesario repetir o clarificar el mensaje más de una vez por distintos canales de comunicación, es siempre oportuno realizarlo.

Los mensajes enviados pueden generan interpretaciones erróneas de la información en función del canal por donde se transmitan.

Si mantienes un alto nivel de comunicación en equipos remotos se pueden lograr grandes resultados.

Comunicación y Liderazgo

Existente diversos tipos de liderazgos que pueden ayudar a mejor la comunicación, entre los que desatacan los liderazgos que participan activamente junto al equipo y les dan el protagonismo necesario para desarrollarse.

A continuación, mencionamos algunos liderazgos que pueden

ayudar a la forma de comunicar durante el proyecto.

o Liderazgo Participativo

- Integran al equipo en la toma de decisiones, esto es importante para ir aumentando la comunicación y experiencia del equipo en la toma de decisiones

o Liderazgo Orientado en las personas

- Empodera a su equipo y la colaboración de este, aumentando la comunicación con el equipo.

o Liderazgo Laissez-faire (dejar ser)

- Dan autonomía al equipo en tomar sus decisiones, pero controlan y corrigen en función de sus resultados, comunicando al equipo activamente.

- Esto es relevante para equipo autónomos.

Comunica 360

Como previamente, definimos el ámbito de *Gestión y Comunicación* (*Estrategia 1*), ahora es el momento de definir la Estrategia de comunicar 360.

Esta estrategia consiste en: *"Comunicar de forma efectiva y concurrente a los ámbitos Cliente y Equipo, manteniendo un canal abierto de comunicación durante todo el desarrollo del proyecto".*

Comunicando a estos dos ámbitos cubres todos los aspectos de comunicación del proyecto. Si alguno de estos ámbitos no cuenta con la información adecuada y oportuna, podrías entrar en una crisis de comunicación, como las comentadas previamente.

Nunca dejes vacíos de información en algún de los ámbitos del proyecto, dado que esta asimetría de información puede generar retrasos y problemas.

Cuando comunicas 360, lo importante, es que consideres las siguientes premias:

- o El mensaje comunicado llegue a sus receptores independiente de la forma que hayas elegido para emitirlo.

- o El mensaje emitido sea claro.

- o El receptor haya entendido el mensaje de forma correcta.

Reuniones para comunicación 360

Para reforzar esta estrategia, es importante definir al inicio de tu proyecto un conjunto de reuniones que te permitan soportar la comunicación 360. Este conjunto te dará un marco de comunicación y mantendrá un *canal abierto de comunicación* para todos los ámbitos del proyecto.

A continuación, señalamos el conjunto de reuniones que te pueden ayudar a mantener un canal de comunicación abierto para los diferentes ámbitos.

Ámbito Cliente

- o Sesiones de Requisitos y Cambios.
- o Reuniones de Control y Avances.
- o Reuniones de Validación de entregables y funcionalidades.
- o Reuniones de cierre de Iteraciones y proyecto.

Ámbito Equipo

- o Reuniones de Trabajo internas y con cliente.
- o Reuniones Internas de avances.
- o Reuniones de riesgos.

Ámbito Producto

- o Reuniones de definición de Entregables y tareas.

Comunica 360 con equipos y clientes remotos

La comunicación efectiva en equipos y cliente deslocalizados es clave para el éxito de tu proyecto.

Ventajas

Una de las ventajas de los equipos remotos con distintas zonas horarias, es la capacidad de utilizar estos desfases horarios para complementar trabajos a través cada uno de los equipos. Por ejemplo: el *equipo A* de desarrolladores de la primera localidad deja enviada una versión de un entregable, para que el *equipo B* de la otra localidad pueda probar en su horario. Terminadas las pruebas, el *equipo B* envía las observaciones y las tareas pendientes al *equipo A* para el siguiente día.

Desventajas

Uno de los inconvenientes de los desfases horarios muy pronunciados es la coordinación para realizar reuniones con todos los equipos. Lo importante en este punto, es ser flexibles y definir al inicio del proyecto los días y horarios de las reuniones de coordinación de los equipos, determinando un horario donde todos puedan participar con un poco de flexibilidad, ya sea bien temprano, al medio día o muy tarde.

ESTRATEGIA 5: REQUISITOS EFECTIVOS

"Sino puedes definirlo, no puedes crearlo"

Una de las estrategias claves para definir correctamente el alcance del proyecto o una iteración de este, es definir requisitos de forma clara y efectiva en el momento oportuno.

Esta estrategia, plantea una serie de pasos y recomendaciones para definir de forma efectiva tus requisitos.

Partamos definiendo que es un requisito, para luego revisar las estrategias para abordarlos.

¿Qué Es Un Requisito?

En términos generales, un requisito es una especificación del producto a desarrollar, brinda solución a una necesidad del negocio. Cada uno de los requisitos definidos durante el proyecto, se consolidan en el *Documento de Especificación de Requisitos*.

En los apartados siguientes, revisaremos en detalle, el contenido de un requisito y la forma como se deben definir para un correcto uso en etapas posteriores del proyecto.

Ciclo Para La Gestión De Requisitos

El ciclo para gestionar los requisitos de forma efectiva cuenta con los siguientes pasos:

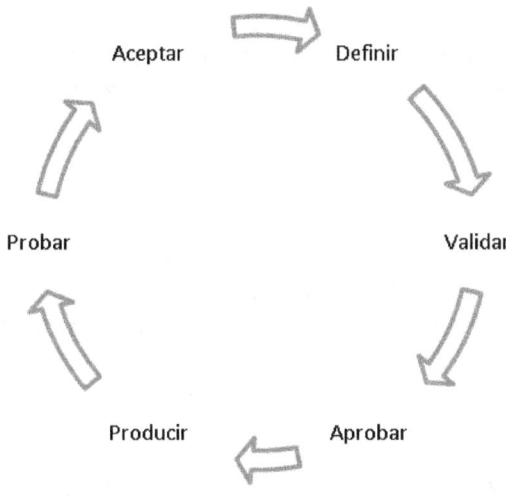

Figura 19 Ciclo de Gestión de Requisitos

Definir

En este punto, se define el problema a resolver. Para realizar este proceso, se definen sesiones de requisitos, las cuales detallaremos más adelante.

Validar

En este punto, se valida y ajusta el *documento de especificación de requisitos* para definir correctamente todos los casos y aspectos del problema a resolver.

Aprobar

En esta etapa el cliente deberá aceptar el *documento de especificación de requisitos*.

Producir

Luego de todos los pasos anteriores, se procede a desarrollar o producir el entregable que dará respuesta al requisito.

Probar

Primero el equipo y luego el cliente realizan las pruebas funcionales del entregable, verificando que cumple con todo lo detallado en el *documento de especificación de requisitos* aprobado.

Aceptar

El cliente luego de probar y validar el entregable, formaliza la aprobación del entregable, firmando el documento de aceptación.

Ciclo De Gestión Para Diferentes Tipos De Proyectos

Tanto en el caso de los proyectos del tipo predictivo como adaptativo, es importante definir y detallar los requisitos al inicio del proyecto o de cada iteración, con la finalidad de mantener la coherencia de los entregables y evitar que el cliente cambie el requisito durante su desarrollo.

Si luego, de terminado el desarrollo, el cliente necesita ajustar o cambiar el requisito, se define un cambio, que debe entrar en el ciclo normal de *gestión de requisitos* para ser producido o desarrollado.

Si no llevas un orden en este punto, podrías acabar, en un escenario extremo, cambiando el requisito cuantas veces desee el cliente, sin finalizar nunca su entrega y posterior aprobación.

Pasos Para La Gestión De Requisitos

A continuación, detallamos los pasos para preparar las sesiones de los *requisitos*:

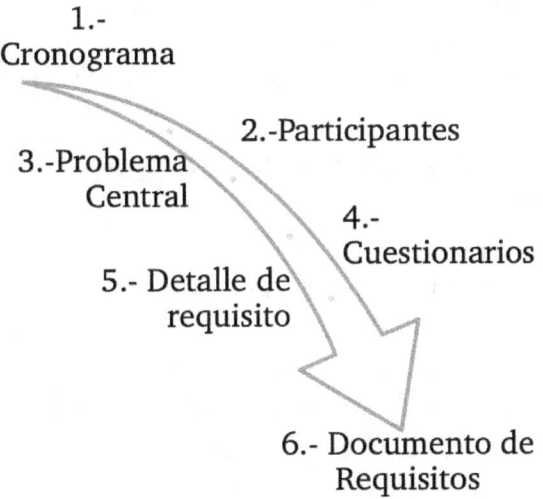

Figura 20 Calidad de los Requisitos

Paso 1: Cronograma de Sesiones

Define un cronograma de sesiones, para realizar el análisis de necesidades, tanto funcionales como no funcionales con los diversos clientes del proyecto.

Paso 2: Participantes de Sesiones

Determina los participantes en cada una de las sesiones de definición de requisitos, en función de la información definida previamente en tu ámbito de cliente.

- o Identifica los usuarios fuentes de los requisitos.
- o Identifica las diferentes clases de usuarios para el producto y/o servicio
- o Identifica al usuario representativo para cada requisito

Paso 3: Definir el Problema Central

En la primera sesión de análisis, tu objetivo será definir y entender el problema central que se busca resolver.

Esta sesión te dará una visión general del problema a resolver. Deberás entender el proceso y contexto en el cual se ha detectado el problema. Seguido, entender donde se ha detectado el problema, y además deberás capturar las actividades y quienes hoy las realizan.

Paso 4: Definir Cuestionarios para requisitos

Para cada sesión de requisitos, deberás preparar un cuestionario con las preguntas que deseas responder durante la sesión, por ejemplo:

- o ¿Qué se quiere resolver?
- o ¿Para qué se necesita resolver?
- o ¿Dónde ocurre el problema? ¿En qué contexto?
- o ¿Cuántos actores o partes están involucradas?
- o ¿Cuándo ocurre?
- o ¿Cuándo es necesario resolverlo?
- o ¿Qué información es necesaria como entrada, durante la resolución del problema y de salida?

Nota

Al ir completando el cuestionario, te dará cuenta de la magnitud y prioridad que tiene el requisito definido.

Paso 5: Detalle de Requisitos

En las siguientes sesiones, se definirán en detalle cada uno de los requisitos, apoyándose en los cuestionarios definidos y usando las herramientas que se mencionan, más adelante:

Cada sesión deberá abordar temas concretos, en intervalos de tiempo de 1 hora, un tiempo de descanso de 15 min y luego, si es necesario continuar una sesión de 1 hora.

Paso 6: Documento de Requisitos

Documenta cada requisito, para luego de cada sesión, envíes el documento recopilado al cliente para su revisión y aprobación, indicando la fecha de creación, fecha de aprobación, cliente que ha aprobado, prioridad y área de interés a la que pertenece, entre otros, como se muestra en la siguiente ficha del requisito:

Número   : *1*
Nombre requisito   : *Pantallas de ingreso de clientes*

Área de interés	: *Negocio*
Prioridad	: *Media*
Riesgo detectado	: *Múltiples clientes con distintos diseños de pantallas, puede generar retraso de aprobación*

Fecha de creación:	:*17 /03/2019*
Fecha de Modificación	:*18/03/2019*
Fecha de Aprobación	:*19/03/2019*
Autor	: *Roger Thol*
Aprobado por	: Alan HUl
Firma aprobadora	: Alan HUl
Detalle del Requisito :	

Nota

No avances con el siguiente requisito, si no está clara la definición, quedan dudas o no está aprobado el documento en su totalidad.

Si es necesario, defina una sesión especial para ajustes, revisión y aclaración del documento.

Herramientas Para Definir Un Requisito

Las herramientas que puedes usar en cada una de las sesiones de requisitos son variadas y dependerán de que tan efectivas puedan resultarte, a continuación, detallamos cada una de estas:

Cuestionarios y encuestas.

- o Los cuestionarios, son claves para la definición del requisito, dado que te permitan ir entendiendo el problema a resolver, a través de las respuestas obtenidas.

o   Las encuestas también pueden ser útiles cuando necesitas respuestas de un cliente que no está físicamente en la misma locación o validar la percepción de un grupo de usuarios sobre un tema en particular.

Entrevistas.

o   Esta herramienta busca, que durante una sesión de toma de requisitos puedas realizar una entrevista en persona a tu cliente, aplicándole un cuestionario, que te permita saber de primera fuente las respuestas para documentar el requisito.

Focus Group

o   En el contexto del proyecto, consiste en reunir a un grupo de clientes, para tratar uno a más requisitos de forma que puedas recolectar distintas opiniones sobre un mismo tema.

Lluvia de ideas y mapas mentales

o   Consiste en disponer un conjunto de ideas sobre un tema específico e ir analizando sus relaciones.

o   Esta herramienta la puedes usar principalmente con el equipo del proyecto para buscar alternativas de cómo desarrollar o solucionar algún requisito del proyecto.

Análisis de documentación y Procesos de negocios.

- o Esta herramienta te permite revisar la documentación previa sobre procesos y sistemas existentes, ayudándote a entender el contexto y definir el requisito.

Ingeniería reversa de productos existentes.

- o Esta consiste en tomar el producto existente e ir documentando cada una de sus partes y funcionalidades, para ser mejoradas o reemplazadas por otra.

- o La ingeniería reversa es útil cuando tienes que reemplazar un sistema que está obsoleto y necesitas analizar cada una de las partes o funcionalidades que realizar el sistema actual.

Preparar Prototipos

- o Esta herramienta consiste en mostrar visualmente a través de una maqueta el requisito o parte de este.

- o Esta herramienta es útil para requisitos con muchas funcionalidades visuales, dado que luego el prototipo seleccionado puedes adjuntarlo al documento de requisito como parte de la definición.

Diagramas de Casos de Uso

o El diagrama de caso de uso permite dar una visión de las actividades que realizan los usuarios con el sistema para una determinada funcionalidad o requisito.

Como se define un Requisito

Durante las sesiones de requisitos, es importante haber revisado cada una de las preguntas que a continuación indicamos, con la finalidad de que el requisito haya quedado claramente definido:

Figura 21 Calidad de los Requisitos

¿Qué?

- o ¿Qué problema es necesario resolver?
- o ¿Qué impacto genera este problema en las demás áreas, productos o en la organización?
- o ¿Qué pasará cuando se resuelva?
- o ¿Qué podría ocurrir si no se resuelve? –Consecuencias-
- o ¿Qué impacto tiene en los interesados?
  - Por ejemplo: empleados, proveedores, clientes, usuarios, el negocio, etc.
- o ¿Qué limites tiene el problema en términos organizacionales, flujo de trabajo, geográficos y segmentos?

¿Quién?

- o ¿Quién es afectado por este problema? Grupos e interesados, consumidores u organizaciones.

¿Dónde?

- o ¿Dónde está ocurriendo el problema a corregir?, sólo en un lugar, un área, un proceso, en muchos productos, etc.

¿Por qué?

- o ¿Por qué es importante que se solucione el problema?

¿Cuántas?

- o ¿Cuántas áreas o departamentos están involucradas?

¿Cuándo?

- o ¿Cuándo ocurre el problema?
- o ¿Cuándo es necesario que esté resuelto?

¿Como?

- o ¿Cómo se realizan las actividades hoy para soportar este problema?
- o ¿Cómo esperan usar los resultados cuando el problema este resuelto?

o   ¿Cómo se debe mostrar el resultado del Problema?

¿Cuáles?

— ¿Cuáles son las Condiciones de satisfacción?, para validar que el requisito cumple con lo requerido.

Nota

Las Condiciones de Satisfacción o también llamados criterios de aceptación, son importante de documentar con la finalidad de tener claridad, de que es lo que se debe entregar y en qué condiciones son la que se dará por aceptado el requisito.

Habilidades para definir un requisito

El integrante del equipo que defina el requisito debe contar con algunas habilidades para llevar a buen puerto el proceso:

Figura 22 Habilidades para definir un Requisito

1. Escuchar de forma activa (*entender*).
2. Facilitador para el cliente.
3. Analítico para entender el aporte del requisito al negocio
4. Escribir forma correcta el requisito (*ver apartado de calidad de los requisitos*).
5. Observador.
6. Organizado para lograr centrar y desplegar las ideas del requisito.
7. Creativo para plantear nuevas alternativas al requerimiento

Calidad de los Requisitos

Cuando hayas definido un requisito, es importante que sepas si tendrá la calidad esperada para su desarrollo y posterior validación por parte del cliente, para lo cual es importante que valides los siguientes puntos:

Figura 23 Calidad de los Requisitos

Verificable

o Debe permitir probar y verificar su contenido.

Trazable

- o   Debe presentar un único requisito y no mezclarse con otro.

Medible

- o   Debe permitir validar su salida respecto a los criterios de aceptación definidos.

Completo

- o   Debe contar con todo el detalle necesario para su diseño y desarrollo.

Consistente

- o   Debe ser consistente y no contradictorio respecto a otros requisitos.

Factible

- o   Debe ser factible de realizar respecto a la tecnología y recursos existentes.

No ambiguo

- o   Debe ser claro y no permitir generar interpretaciones erróneas tanto del equipo como del cliente.

Priorización de Requisitos

Una forma rápida de priorizar los *requisitos* es la escala de importancia y valor que este tiene para el *negocio* del cliente.

Requisito	Dimensión / Negocio
Requisito 1	Alta
Requisito 2	Baja

También es posible hacerlo, en función del área de interés en el cual se encuentre el *requisito* y priorizarlo desde el mayor al menor impacto en cada una de sus áreas de interés. Como muestra la tabla siguiente:

Requisito	Dimensión			
	Negocio	Legal y Ambiental	Proceso Crítico	Tecnológica
Requisito 1	Alta			Alta
Requisito 2		Medio		

Caso Practico

Enunciado

La empresa *HUU INC* ha determinado iniciar las sesiones de toma de requisitos del producto *PROSPECT*, para lo cual ha definido:

Cronograma

Sesión inicial	: 10 marzo	10-12 AM Sala 1
Sesión 1	: 12 marzo	10-12 AM Sala 2
Sesión 2	: 17 marzo	10-12 AM Sala 3
Sesión 3	: 18 marzo	10-12 AM Sala 1
Sesión 4	: 19 marzo	10-12 AM Sala 2
Sesión 5	: 20 marzo	10-12 AM Sala 4
Sesión 6	: 21 marzo	10-12 AM Sala 1

Participantes

Sesión inicial   Todo el equipo
Clientes, incluido el patrocinante

Sesión 1   Greck Gast   Líder -Chicago
Jean Ro   Analista- Chicago
Robert Hlis Analista- Chicago
Alexander Fle - Líder Cliente
Artur Klo - Usuario
Bennet Hiu – Usuario

Sesión 2   Jean Ro   Analista- Chicago
Artur Klo - Usuario

Sesión 3   Bennet Hiu – Usuario
Robert Hlis Analista- Chicago

| Sesión 4 | Jean Ro   Analista- Chicago |
| | Artur Klo - Usuario |

| Sesión 5 | Bennet Hiu – Usuario |
| | Robert Hlis Analista- Chicago |

Sesión 6	Greck Gast Líder -Chicago
	Jean Ro Analista- Chicago
	Robert Hlis Analista- Chicago
	Alexander Fle - Líder Cliente
	Artur Klo - Usuario
	Bennet Hiu – Usuario

Problema Central

De la reunión inicial y la sesión 1, se ha logrado definir el problema principal que debe resolver el proyecto, que consiste en:

El problema se presenta en el departamento Comercial cada tres meses, dado que, en su base de datos, existe un listado de prospectos que podrían transformarse en futuros clientes y no tienen forma de saber su nivel de conversión o cuál de ellos podría transformarse en cliente de forma certera.

Lo anterior implica, que podrían generarse sobrestimaciones en sus ingresos proyectados por la falta de clientes, generando con esto, problemas financieros importantes durante el resto del año.

El ciclo de conversión de clientes estimado es de tres meses, desde que se ingresa un prospecto a la base de datos hasta que se transforma en cliente.

El área Comercial busca contar con un producto para uso en la web y teléfonos móviles, que le permita estimar con un 80 % a 90 % de efectividad, la probabilidad de conversión de prospectos en clientes, para cada trimestre del año.

Cuestionarios

Vamos a preparar un cuestionario para determinar el requisito llamado: "Cálculo de efectividad de conversión"

¿Que?
- o ¿Qué se desea calcular en la efectividad de conversión?
- o ¿En qué medida deberá presentarse el resultado del cálculo de efectividad de conversión?
- o ¿Qué parámetros de entrada son los que se deben utilizar para el cálculo?
- o ¿Pueden existir parámetros y resultados negativos?
- o ¿Qué impacto tiene este cálculo para el departamento comercial y las demás áreas de la empresa?
- o ¿Qué límite de tiempo existe para que el sistema calcule la efectividad de conversión?
- o ¿Qué valores (máximos y mínimos) deberá obtenerse del cálculo?

¿Quién?
- o ¿Quién es el usuario encargado de ingresar y validar los parámetros de entrada?
- o ¿Quién es el usuario encargado hoy de calcular el valor de efectividad?
- o ¿Quiénes son los usuarios que podrán visualizar y usar el resultado del cálculo?

¿Cómo?
- o ¿Cómo se realizan hoy las actividades para calcular el valor de efectividad de forma manual?
- o ¿Cómo se debe mostrar el resultado del Calculo?

¿Dónde?

- o ¿Dónde están dispuestos estos parámetros para ser ingresados al nuevo producto?
- o ¿Desde donde se deben extraer los datos de entrada?
- o ¿Dónde se deben desplegar los resultados del cálculo en un sitio web, en un teléfono, etc.?

¿Por Qué?

- o ¿Por qué es importante que se cuente con el cálculo en el tiempo esperado?

¿Cuántas?

- o ¿Cuántas áreas o departamentos usarán el cálculo?
- o ¿Con cuántos sistemas externos será necesario integrarse para desplegar el cálculo?
- o ¿Cada cuánto tiempo se deberán actualizar los parámetros de entrada y el resultado?
- o ¿En cuánto tiempo como máximo, deberá obtenerse un cálculo de efectividad?

¿Cuándo?

- o ¿Cuándo es necesario, que esté calculada la efectividad de conversión?

¿Cuáles?

- o ¿Cuáles son los pasos que se realizan hoy para realizar el cálculo de efectividad?
- o ¿Cuáles son las condiciones de satisfacción para que el cálculo se dé por aceptado?
- o ¿Cuáles son los parámetros que se necesitan para el cálculo de efectividad?

Del cuestionario preparado, pueden existir preguntas que se repiten, pero planteadas de forma distinta, esto te permitirá reiterarlas en caso, que tu cliente no haya entendido la primera forma de plantearlas.

Los cuestionarios te permitan responder, si tu requisito cumple con la calidad exigida según las pautas que hemos revisado previamente.

Detalle de Requisito

Luego de realizada la sesión 2 y completados los cuestionarios, se detalla el requisito definido:

1. Cálculo de Efectividad de Conversión

   1.1. El cálculo de efectividad busca resolver el problema, de si un prospecto, luego de tres meses pasará a ser un cliente de la compañía. En la actualidad esto genera errores en las estimaciones de ingreso para cada trimestre de la empresa.

   1.2. El ingreso de la información de los prospectos es realizado por los cuatro gestores de cuentas de clientes, durante los tres meses anteriores al cierre de sistema para su cálculo.

   1.3. El cálculo de efectividad es realizado por el jefe del área comercial, tomando la lista de prospectos ingresada en la base de datos relacional GFT del sistema comercial, compuesta por:

   o El nombre del prospecto (N)
   o Tiempo en la lista desde su ingreso (T en meses)
   o Nivel de interés (escala de 1 a 3, siendo 3 el de mayor interés) (I)
   o Poder de decisión (escala de 1 a 3, siendo 3 el de mayor poder) (P)
   o Presupuesto (B) (escala de 1 a 2, siendo 2 presupuesto aprobado y 1 aun sin aprobar) (P).

- o Importancia del producto para la empresa (escala de 1 a 3, siendo 3 el de mayor importancia) (M).
- o Situación financiera de la empresa del prospecto (valor de calcular Ingresos/Deuda) (D).

1.4. El jefe del área comercial aplica la siguiente fórmula para calcular el valor de efectividad de conversión (VEF).

Para un prospecto N su valor sería:

$$VEF= 0,5*(P* M* 0,5 I* D* (3/T)) +0,5* B$$

Ejemplo de cálculo:

$$VEF= 0,5*(P* M* 0,5 I* D* (3/T)) +0,5* B$$

N	T (meses)	I	P	B	M	D	VEF	% VEF	Cliente Convertido
Pros1	4	3	2	2	3	1	4,375	2,1 %	No
Pros2	2	3	3	1	1	4	14	6,9%	No

El mayor valor esperado del cálculo será:

N	T (meses)	I	P	B	M	D	VEF	% VEF	Cliente Convertido
Pros1	1	3	3	3	3	10	205	100%	Si

Y el menor valor esperado será:

N	T (meses)	I	P	B	M	D	VEF	% VEF	Cliente Convertido
Pros3	12	1	1	1	1	0	0,5	0%	No

1.5. El valor de VEF es desplegado cada trimestre, en una lista que se distribuye por correo al departamento Financiero y Comercial. El correo es emitido por el jefe del área Comercial

1.6. Se espera que el sistema tarde menos de 5 minutos en calcular un total de 100 prospectos, luego de finalizado el cálculo envíe un correo electrónico con los resultados calculados de FEV a los departamentos Comercial y Financiero. Adicionalmente el resultado deberá ser cargado en la base de datos relacional GFT de sistema Comercial. Y por último el valor calculado, deberá estar disponible en el sitio web diseñado para este nuevo sistema y su aplicación móvil.

1.7. El tiempo exigido al proyecto desde su inicio hasta la puesta en producción será de 3 meses.

1.8. La fórmula actual de VEF podrá ser modificada en función de conseguir una mejor adherencia a los datos reales de conversión.

1.9. Se dispondrá de datos históricos desde el 2013 a la fecha VEF, tanto estimaciones de VEF como conversiones reales, para pruebas unitarias y preliminares.

1.10.   Para dar por aceptados el entregable, el valor obtenido del cálculo VEF será contrastado al final del tercer mes con los clientes reales que se hayan convertido. Para este análisis, se considerará un porcentaje calculado sobre un 85% de VEF como cliente convertido.

Documento de Requisitos

Para formalizar el requisito detallado previamente en el *Documento de Especificación de Requisitos*, se le incorporara la siguiente ficha de datos para su correcto registro:

Número	*1*
Nombre requisito:	*Cálculo de efectividad de conversión*
Área de interés:	*Negocio*
Prioridad:	*Alta*
Riesgo detectado	*Conseguir efectividad del cálculo*
Fecha de creación	*17 /03/2019*
Fecha de Modificación	*18/03/2019*
Fecha de Aprobación	*19/03/2019*
Autor	Jean Ro Analista- Chicago
Aprobado por:	Artur Klo Usuario
Firma aprobador	Artur Klo
Detalle del Requisito	

ESTRATEGIA 6: ENTREGA RESULTADOS

"Define tu objetivo, luego encuentra tu camino"

Uno de los paradigmas que debes cambiar para utilizar esta nueva estrategia, es dejar de pensar en cumplir etapas de tu proyecto y centrarte en entregar resultados que aporten el mayor valor a tu cliente y el negocio.

La historia, está llena de proyectos que han terminado sus etapas de forma exitosa, pero que no aportaron el valor al negocio para el cual fueron concebidos.

A través de esta estrategia, se busca reducir la complejidad del proyecto, dividiendo los requisitos en entregables, con el objetivo de maximizar el valor del cliente y reducir tus gastos en desarrollos innecesarios.

Esta estrategia introduce el concepto de *Árbol De Entregables*, que corresponde a un conjunto de entregables ordenados y priorizados que son necesarios para desarrollar un producto o parte de este, generando un valor superior para el cliente.

¿Qué Es Un Entregable?

Un *entregable* es una porción funcional del producto, que corresponde a uno o más requisitos del negocio.

Como características de un *entregable* podemos señalar:

o   Un *entregable* debe brindar un valor específico y medible al cliente.

o   Un *entregable* está compuesto por un conjunto de tareas a desarrollar para completar su desarrollo.

o   Cada *entregable* tiene un criterio de aceptación definido por el cliente y validado por el equipo.

o   Cada *entregable* debe contemplar los criterios de calidad de los requisitos que contenga.

Crea Y Gestiona Tu Árbol De Entregables

A continuación, enumeramos los pasos que deberás seguir para *crear y gestionar tu árbol de entregables* centrado en el producto.

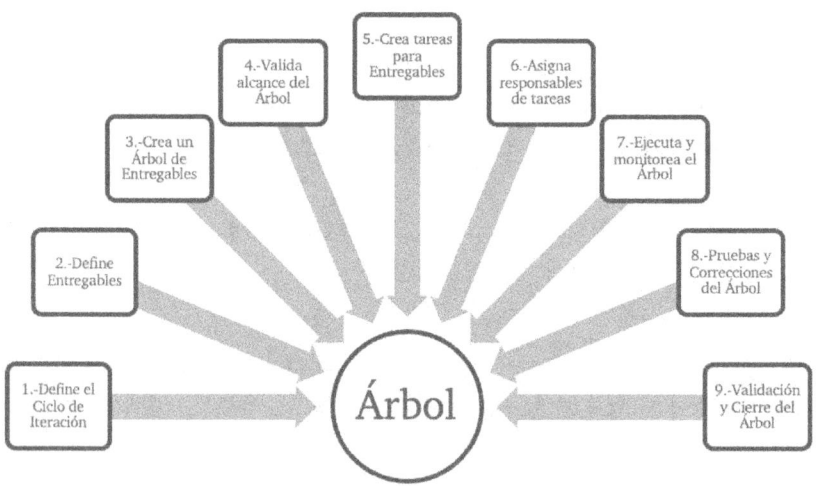

Figura 24 Árbol de Entregables

Paso 1: Define el Ciclo de Iteración y Validaciones del árbol

Define con tu cliente las siguientes ventanas de tiempo:

o El tiempo para liberar el árbol de entregables (*4 a 6 semanas*).

o El período de tiempo para realizar las reuniones de control de entregables con cliente (*Definido previamente en el ámbito de Gestión y Comunicaciones, por ejemplo, bisemanal*).

o Definición de tiempo de validación y aceptación de entregables con el cliente (*3 días máximo para validar y dar retroalimentación del entregable*).

Paso 2: Define Entregables (Resultados)

o Reúnete con tu cliente y revisa el *Documento de Requisitos Aprobado*. De la revisión, se deberá saldrá una lista de requisitos en orden decreciente, desde el más importante al menos. En función del grado de valor que le aporte al cliente.

o Tomando el listado de requisitos priorizados, se crearán cada uno de los entregables del producto o servicio.

o Los entregables se definen agrupando uno o más requisitos que permitan definir funcionalidades que entreguen valor al cliente.

o Cada entregable deberá contar con un criterio de aceptación consensuado con el cliente para su posterior revisión y aceptación. Este criterio se obtiene agrupando los criterios de aceptación de cada requisito.

o Se deberán documentar los riesgos que puedan surgir durante este proceso.

Paso 3: Crea un Árbol de Entregables

o Luego de definir cada uno de los entregables, será necesario ordenarlos y revisarlos junto al cliente, en función del mayor valor que estos le aporten, agrupándolos en un *árbol de entregables*.

o La creación y validación de cada entregable del árbol no deberá durar más allá del tiempo total de duración del árbol de entregables, (*4 a 6 semanas*) definido previamente en el Paso 1.

o Si el número de entregables supera el tiempo acordado para un árbol, estos entregables deberán incluirse en el siguiente *árbol de entregables*, para ser abordados en la próxima iteración.

o Esta agrupación de entregables le brindará al cliente un valor inmediato en etapas tempranas del proyecto.

o Siempre es importante, partir con los entregables que más valor aporten al negocio del cliente, para luego continuar con los siguientes entregables.

Paso 4: Define el alcance del Árbol de Entregables

o Una vez terminados todos los pasos anteriores, se deberá pedir la aceptación del cliente, para el alcance definido en el árbol de entregables.

o Solo con esta aceptación formal, se inicia el desarrollo del árbol.

Paso 5: Crea tareas para Entregables

o Inicia la revisión con el entregable de mayor valor.

o Seguido, el equipo del proyecto deberá agregar las tareas respectivas, con su prioridad y estimación inicial de esfuerzo en horas.

o Luego, para calcular la estimación de horas de cada entregable, se deben sumar las estimaciones de sus tareas.

o El siguiente paso, es determinar el total de tiempo del *árbol del entregables*, a través de la sumatoria de horas de cada uno de los entregables, y determinar si se ajustan a la ventana de tiempo para liberar el árbol (*definido en el Paso 1*). Sino fuera posible incluir todos los entregables en esta iteración, se incluirán los sobrantes en otro árbol para desarrollarlos en la siguiente iteración.

Paso 6: Asigna responsables de tareas

o Para este proceso, se deberá asignar a cada una de las tareas un responsable del equipo de proyecto, indicando duración en horas, una fecha de inicio y término de ésta.

Paso 7: Ejecuta y monitora el Árbol de Entregables

o Bisemanalmente, se realizará una reunión de control con el cliente, para revisar el estado de cada uno de los entregables del árbol, en función de su avance, tiempo y horas invertidas.

o El equipo podrá reunirse diariamente a revisar el estado de cada una de las tareas del árbol y analizar riesgos potenciales.

Paso 8: Pruebas y Correcciones del Árbol de Entregables

o Durante este proceso, el equipo realizará un conjunto de pruebas a los entregables desarrollos, con la finalidad de realizar los ajustes y correcciones necesarias para su liberación al cliente.

Paso 9: Validación y Cierre del Árbol de Entregables

o Una vez terminado el proceso de desarrollo y pruebas internas del equipo para el árbol de entregables, se procederá a validar cada uno estos con el cliente. Para eso, se convocará a una *reunión de revisión y aceptación*.

o Si el número de entregables es considerable, se puede separar la revisión, en más de una reunión.

o Si el entregable es rechazado por el cliente, la corrección respectiva, se puede realizar en este mismo árbol, si se dispone de tiempo en el árbol, o agregar al siguiente árbol, si no se cuenta con tiempo disponible en este.

o Si el cliente acepta todos los entregables se da por cerrado y aceptado formalmente el *árbol de entregables*.

o Si el árbol está cerrado, se retorna al punto 2, para continuar con los siguientes entregables.

o   Si se ha tomado la decisión de definir más requisitos durante todo el proyecto, se debe volver a definir y priorizar los requisitos necesarios, para iniciar nuevamente en el punto 2.

Paso 10: Lecciones del Árbol de Entregables

o   Luego de aprobado y aceptado el *árbol de entregables*, el equipo se reúne y analiza las acciones ejecutadas en cada uno de los pasos previos, para determinar y que aspectos son necesarias de mejorar para el siguiente árbol.

o   Todas las lecciones y acciones de mejora se agregan al documento de *Lecciones de la iteración N*. En este documento se mantendrán, además el histórico de cada árbol con sus fechas de inicio, término y el total de entregables aceptados y rechazados. Como se muestra en el siguiente ejemplo:

N° Iteración	2
Fecha inicio	02.03.2020
Fecha término	15.04.2020
Cantidad de Entregables del árbol	10
Entregables aceptados	7
Entregables Rechazados	3
Lecciones aprendidas	
Lección 1	
Lección 2	
Lección N	

El *árbol de entregables* finalizado luego de ejecutar los pasos comentados previamente, se muestra en la siguiente figura.

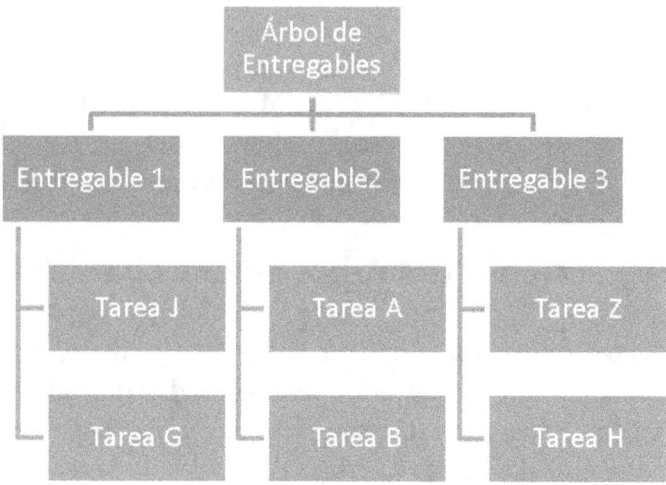

Figura 25 Árbol de Entregables

Nota

Nunca deberás tener a un mismo equipo abordando dos árboles de entregables al mismo tiempo, dado que perderás el foco de los entregables.

El Producto y los Entregables

Cada vez que un *árbol de entregables* es aceptado por el cliente, estarás aumentando el valor percibido del producto de manera incremental, generando una percepción de mayor valor después de cada entrega.

106

Controla tus Entregables

Una forma directa y sencilla de controlar tus entregables es a través de una pizarra de Kanban, donde dispones las tareas en función de que parte del proceso de desarrollo están.

Esta representación, te permite de forma gráfica ver el estado de las tareas y analizar rápidamente las tareas que están detenidas, atrasadas o no priorizadas de forma correcta en tu proceso de desarrollo.

Figura 26 Tablero de tareas

Nota

Mientras mayor es la cantidad de entregables y tareas en las que el equipo trabaje de forma paralela, mayor es la complejidad del proyecto para priorizar las tareas que se deben abordar para reducir el tiempo de entrega.

Prioriza y Controla las tareas de tu Entregable

A continuación, detallamos algunos consejos para priorizar y controlar las tareas de tu entregable:

o   Prioriza las tareas necesarias para desarrollar el entregable.

o   Aborda una tarea a la vez, termínala completamente antes de iniciar la siguiente.

o   No trabajes tareas en paralelo (*multitareas*), es menos productivo.

o   Mantén el foco en las tareas que han sido priorizadas para el entregable.

o   El equipo deberá ser autónomo en determinar cómo asignar las tareas en función del perfil y capacidad de sus integrantes.

o   Monitorear diariamente el avance de las tareas con el equipo, usando Kanban u otro tablero para el control de tareas.

Controla el valor de tus entregables

Para controlar el valor de cada entregable, es importante considerar los siguientes puntos:

o   Controla y prioriza las tareas de cada entregable.
o   Elimina gastos innecesarios (*estrategia 9*).
o   Controla el impacto de los cambios en los entregables
o   Controla los riesgos del entregable (*estrategia 7*).

A continuación, se muestra de forma gráfica las variables que impactan en el valor del entregable.

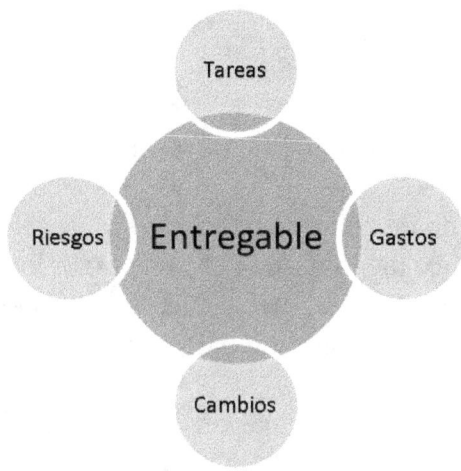

Figura 27 Variables que impactan en los entregables

Cada una de estas variables del entregable, pueden ser revisados en las reuniones de seguimiento, tanto con el equipo como con el cliente.

Caso Práctico

Para este caso práctico, definiremos todos los pasos mencionados para la creación de un *árbol de entregables*.

Enunciado

Para la creación del *árbol de entregables* usaremos como ejemplo el requisito: *"Cálculo de efectividad de conversión"*, revisado previamente en el capítulo anterior.

Detalle de Requisito

1. Cálculo de Efectividad de Conversión

   1.1. El cálculo de efectividad busca resolver el problema, de si un prospecto, luego de tres meses pasará a ser un cliente de la compañía. En la actualidad esto genera errores en las estimaciones de ingreso para cada trimestre de la empresa.

   1.2. El ingreso de la información de los prospectos es realizado por los cuatro gestores de cuentas de clientes, durante los tres meses anteriores al cierre de sistema para su cálculo.

   1.3. El cálculo de efectividad es realizado por el jefe del área comercial, tomando la lista de prospectos ingresada en la base de datos relacional GFT del sistema comercial, compuesta por:

   - El nombre del prospecto (N)
   - Tiempo en la lista desde su ingreso (T en meses)
   - Nivel de interés (escala de 1 a 3, siendo 3 el de mayor interés) (I)
   - Poder de decisión (escala de 1 a 3, siendo 3 el de mayor poder) (P)
   - Presupuesto (B) (escala de 1 a 2, siendo 2 presupuesto aprobado y 1 aun sin aprobar) (P).
   - Importancia del producto para la empresa (escala de 1 a 3, siendo 3 el de mayor importancia) (M).
   - Situación financiera de la empresa del prospecto (valor de calcular Ingresos/Deuda) (D).

1.4. El jefe del área comercial aplica la siguiente fórmula para calcular el valor de efectividad de conversión (VEF).

Para un prospecto N su valor sería:

$$VEF= 0,5*(P* M* 0,5 I* D* (3/T)) +0,5* B$$

Ejemplo de cálculo:

$$VEF= 0,5*(P* M* 0,5 I* D* (3/T)) +0,5* B$$

N	T (meses)	I	P	B	M	D	VEF	% VEF	Cliente Convertido
Pros1	4	3	2	2	3	1	4,375	2,1 %	No
Pros2	2	3	3	1	1	4	14	6,9%	No

El mayor valor esperado del cálculo será:

N	T (meses)	I	P	B	M	D	VEF	% VEF	Cliente Convertido
Pros1	1	3	3	3	3	10	205	100%	Si

Y el menor valor esperado será:

111

N	T (meses)	I	P	B	M	D	VEF	% VEF	Cliente Convertido
Pros3	12	1	1	1	1	0	0,5	0%	No

1.5. El valor de VEF es desplegado cada trimestre, en una lista que se distribuye por correo al departamento Financiero y Comercial. El correo es emitido por el jefe del área Comercial

1.6. Se espera que el sistema tarde menos de 5 minutos en calcular un total de 100 prospectos, luego de finalizado el cálculo envíe un correo electrónico con los resultados calculados de FEV a los departamentos Comercial y Financiero. Adicionalmente el resultado deberá ser cargado en la base de datos relacional GFT de sistema Comercial. Y por último el valor calculado, deberá estar disponible en el sitio web diseñado para este nuevo sistema y su aplicación móvil.

1.7. El tiempo exigido al proyecto desde su inicio hasta la puesta en producción será de 3 meses.

1.8. La fórmula actual de VEF podrá ser modificada en función de conseguir una mejor adherencia a los datos reales de conversión.

1.9. Se dispondrá de datos históricos desde el 2013 a la fecha VEF, tanto estimaciones de VEF como conversiones reales, para pruebas unitarias y preliminares.

1.10. Para dar por aceptados el entregable, el valor obtenido del cálculo VEF será contrastado al final del tercer mes con los clientes reales que se hayan convertido. Para este análisis, se considerará un porcentaje calculado sobre un 85% de VEF como cliente convertido.

Paso 1: Define el Ciclo de Iteración y Validaciones del árbol

- o Ciclo de Iteración   : 6 semanas
- o Validación del árbol   : 3 días
- o Reuniones de control   : Bisemanal

Paso 2: Define Entregables (Resultados)

Se definen tres entregables:

Entregable 1: Datos Disponibles para Cálculo

- o Requisito:
  - Cálculo de efectividad de conversión.
  - Tomando los puntos del requisito: 1.1, 1.2 y 1.3.

- o Criterios de aceptación
  - Contar con los datos de entrada convertidos, sin errores y preparados para utilizarlos en la creación de la nueva fórmula.

Entregable 2: Nueva Fórmula de Cálculo EFV

- o Requisito:
    - Cálculo de efectividad de conversión.
    - Tomando los puntos del requisito: 1.4, 1.5 y 1.6.

- o Criterio de Aceptación:
    - Validar la nueva fórmula de EFV, revisando el detalle de las pruebas por la cuales fue seleccionada la fórmula respecto a las demás.

Entregable 3: Resultados del cálculo EFV en Excel.

- o Requisito:
    - Cálculo de efectividad de conversión.
    - Tomando los puntos del requisito 1.6 al 1.10

- o Criterio de Aceptación:
    - Poder disponer de los resultados del cálculo en Excel, correo electrónico y la base de datos del proyecto.

Paso 3: Define un árbol de Entregables

A continuación, ordenamos y priorizamos los entregables del árbol.

- o Entregable 1: Datos Disponibles para calculo.
- o Entregable 2: Nueva Fórmula de Cálculo EFV.
- o Entregable 3: Resultados de Cálculo EFV en Excel

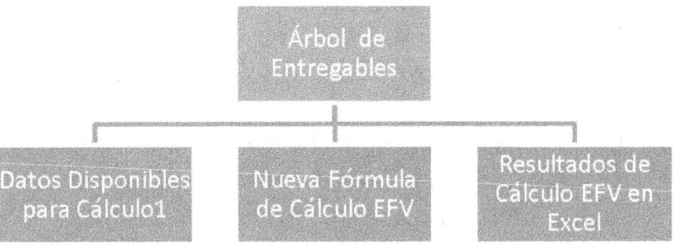

Figura 28 Árbol de Entregables

Paso 4: Crea tareas para Entregables

En este paso, crearemos las tareas para cada uno de los entregables del árbol.

Entregable 1: Datos Disponibles para calculo

Tareas:

- o Tarea 1: Revisar acceso a los datos de origen.

- o Tarea 2: Convertir y depurar datos desde el origen al nuevo formato de *PROSPECT*.

- o Tarea 3: Migrar los datos desde Base de datos relacional GFT del Sistema Comercial a la base de datos de *PROSPECT*.

Entregable 2: Nueva Fórmula de Cálculo EFV

Tareas:

- o Tarea 4: Revisar componentes de la fórmula actual del EFV.

o Tarea 5: Revisar datos históricos calculo y conversión de prospectos, para determinar correlación entre las variables.

o Tarea 6: Proponer tres nuevas formular.

o Tarea 7: Comparar datos de cálculo EFV de las nuevas fórmulas con el cálculo e histórico de la formula actual y seleccionar la fórmula con mejor desempeño.

Entregable 3: Resultados de Cálculo EFV en Excel y Correo electrónico

Tareas:

o Tarea 8: Desplegar resultados en Excel.
o Tarea 9: Enviar resultados por correo.
o Tarea 10: Guardar resultados en base de datos de *PROSPECT*.

A continuación, mostramos como quedaría el árbol de entregables analizado previamente.

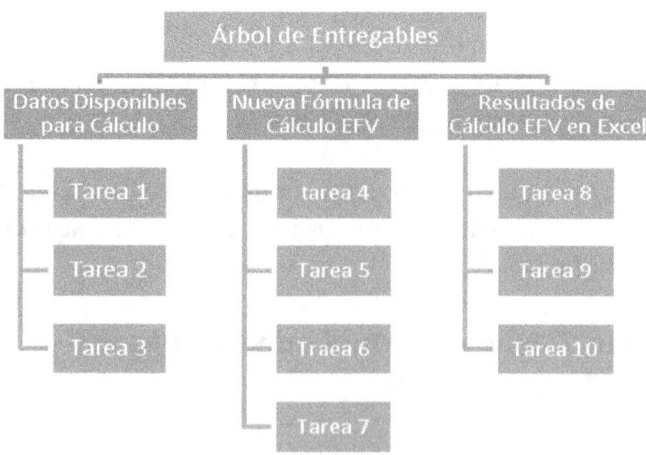

Figura 29 Árbol de entregables con tareas

Paso 5: Asigna responsables a cada tarea

Luego de creadas todas las tareas de los entregables, se deben asignar sus responsables e incluir sus estimaciones.

Entregable	Tarea	Responsable	Inicio	Fin	Horas Esfuerzo
Entregable 1	Tarea1	Jean Ro	12/03/2019	14/03/2019	16
Entregable 1	Tarea 2	Jean Ro	15/03/2019	18/03/2019	24
Entregable 1	Tarea 3	Hans Ils	18/03/2019	20/03/2019	24
Entregable 2	Tarea 4	Robert Hlis	21/03/2019	22/03/2019	16
Entregable 2	Tarea 5	Hortar Ju	23/03/2019	27/03/2019	40
Entregable 2	Tarea 6	Robert Hlis	28/03/2019	05/04/2019	60
Entregable 2	Tarea 7	Robert H	06/04/2019	13/04/2019	60
Entregable 3	Tarea 8	Proveedor Externo	14/04/2019	18/04/2019	40
Entregable 3	Tarea 9	Proveedor Externo	14/04/2019	18/04/2019	40
Entregable 3	Tarea 10	Proveedor Externo	18/04/2019	20/04/2019	32

Total de horas del Árbol de Entregables: 352

Paso 6: Creación del Árbol de Entregables

Para comenzar la creación desarrollo del *árbol de entregables*, se inician los desarrollos de las *Tareas 1 y 2* del *Entregable 1*, el cual tiene el mayor valor priorizado por el cliente, según se muestra en la figura siguiente:

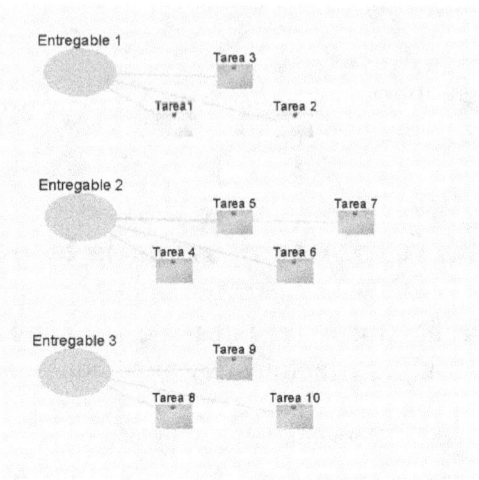

Figura 30 Creación de entregables

Paso 7: Ejecución y monitoreo del Árbol de Entregables

Durante la ejecución y monitoreo del árbol, se revisa junto al equipo el tablero de Kanban de las tareas, como se muestra en la siguiente figura:

Figura 31 Estados de las tareas

En este paso, se deben validar cada una de las tareas que están presentando algún inconveniente para avanzar y definir acciones para desbloquearlas.

Paso 8: Pruebas y Correcciones del Árbol de Entregables

Los entregables desarrollados, deben pasar las pruebas y correcciones, para su posterior liberación al cliente. En nuestro caso práctico, serán los *entregables 1 y 2*, según se muestra en la figura siguiente.

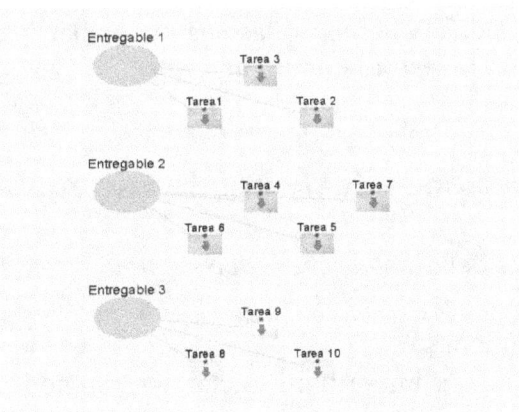

Figura 32 Entregables en pruebas

Paso 9: Validación y Cierre del Árbol de Entregables

Cuando el cliente valida y acepta uno o más entregables, sus tareas se pasan al estado aceptadas en el tablero Kanban, como muestra la figura siguiente.

Figura 33 Tareas Aceptadas

En nuestro caso práctico, dado que todos los *entregables* han sido aceptados por el cliente, todas sus tareas han pasado al estado aceptadas, según muestra la figura anterior.

Paso 10: Lecciones del Árbol de Entregables

Las lecciones del *árbol de entregables* son:

o Reuniones
   ▪ Es importante iniciar las reuniones en el tiempo acordado, dado lo riguroso del cliente respecto al tema de los horarios.

o Entregables
- Es necesario contar con un extenso conjunto de datos de pruebas para la sesión de validación y aceptación del entregable con el cliente.

o Equipo
- El equipo debe mejorar la comunicación y estimación de los tiempos para las tareas de integración para crear el entregable.

ESTRATEGIA 7: *GESTIONA TUS RIESGOS*

"Si el proyecto no registra riesgos, el proyecto tiene un gran riesgo"

El objetivo de esta estrategia es sistematizar la forma de registrar y gestionar los riesgos durante el desarrollo tu proyecto.

Los riesgos deben ser recopilados y declarados a lo largo de todo el proyecto, desde la toma de requisitos hasta el lanzamiento del producto.

Cada uno de los riesgos deben ser asociados a un responsable que realice acciones para su gestión.

Si los riesgos no son gestionados de forma oportuna, éstos pueden generar una alternación en el proyecto en términos de sus variables de tiempo, costo y calidad.

¿Qué Es Un Riesgo?

Entenderemos por riesgo, alguna condición de incertidumbre positiva o negativa que puede afectar el desarrollo de tu proyecto.

Esta condición de incertidumbre podría ser controlable, incontrolable o desconocida.

Descubre Los Riesgos

Los *riesgos* se definen y analizan cada semana, según se haya definido en el ámbito de Gestión y Comunicación.

Tanto en el caso de *proyectos adaptativos*, como *proyectos predictivos*, el inicio de la gestión de los *riesgos* comienza desde el momento que defines los requisitos.

Es altamente recomendable iniciar el proceso de descubrimiento de los *riesgos* desde una visión general a una particular. Primero analiza los *riesgos* desde una visión del *Proyecto* como un todo, luego desde la visión de los *Requisitos*, seguido de los *Entregables* y finalmente las *Tareas*. En la figura siguiente mostramos la estrategia comentada.

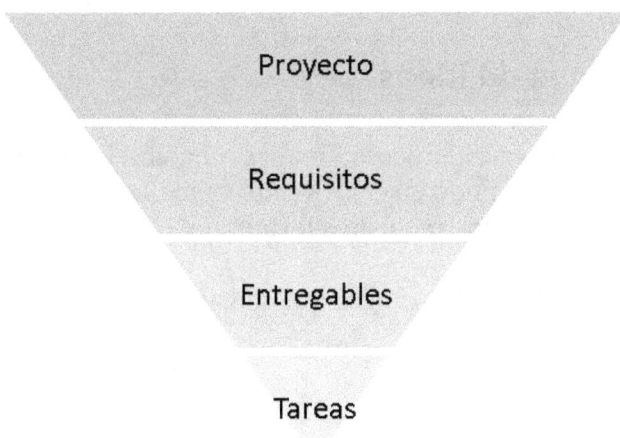

Figura 34 Análisis de Riesgos

Durante este proceso de descubrimiento, podrán existir *riesgos* que se repitan o resulten similares, desde cada una de las visiones que se están analizando, pero que luego, durante el análisis detallado de los riesgos, podrán fusionarse o separarse.

Herramientas Para Definir Riesgos

Para descubrir y definir los *riesgos* de tu proyecto, puedes usar algunas de las siguientes herramientas:

- o Lluvia de ideas
- o Entrevistas y Cuestionarios
- o Análisis de causa efecto
- o Análisis del árbol de Entregables

Pasos para Definir los Riesgos de tu proyecto

A continuación, te presentamos una secuencia de pasos que te ayudarán a definir y registrar los *riesgos* de tu proyecto.

Paso 1: Lluvia de ideas

1.1. Para iniciar el proceso, realiza una lluvia de ideas con el equipo centrando en el proyecto como un todo y seguido sobre cada uno de los requisitos levantados.

1.2. Registra todos los *riesgos* que salgan de este proceso.

Paso 2: Revisión de Árbol de Entregables

1.3. Para cada uno de los entregables del proyecto, realiza una revisión, para analizar posibles *riesgos* asociados.

1.4. Para cada una de las tareas del árbol de entregables, realiza un análisis de posibles *riesgos* asociados.

1.5. Registra todos los *riesgos* que salgan de este proceso

Paso 3: Registro de Riesgos

Al momento de registrar un *riesgo,* se debe analizar desde el punto de vista de las consecuencias y efectos que este *riesgo* puede generar al proyecto.

El registro del *riesgo* puede contar con una estructura como la siguiente:

o Nombre del Riesgo
o Área del Riesgo
o Responsable de la Gestión
o Impacto en el proyecto (Varia entre 1-10)

- Bajo   1-3
- Medio 4-7
- Alto   8-10

o Probabilidad de Ocurrencia en el proyecto (%)

- Baja   1%-30%
- Media 40% - 70%
- Alta   80% - 100%

o Variable que impacta el riesgo

- Tiempo
- Costo
- Calidad
- Producto (Funcionalidad, Plan, Alcance)
- Equipo

Los *riesgos* deben registrarse en función de su *Impacto* y *Ocurrencia* para el proyecto, ponderándolos en términos de las variables de *Calidad, Tiempo, Producto, Equipo* y *Costos*.

Paso 4: Acciones Para el Control De Riesgos

Una vez priorizado los *riesgos*, es necesario realizar acciones sobre estos. A continuación, detallamos un conjunto de acciones que puedes aplicar para el control de los *riesgos*:

o Mitigar

- El objetivo es reducir el *riesgo* desde su estado inicial. Por ejemplo: si el riesgo es la falta de capacitación del equipo en una tecnología específica, capacitar al equipo, sería una forma de mitigar el riesgo.

o Transferir

- El objetivo es transferir el riesgo fuera del alcance del proyecto. Continuamos con el ejemplo sobre el riesgo de falta de conocimiento en una tecnología específica, podríamos contratar un proveedor externo para trabajar en esa tecnología que no disponemos internamente y así externalizar el riesgo.

o Evitar

- Analizar si posible realizar alguna acción que te permita evitar que el riesgo ocurra. Continuamos con el ejemplo sobre la falta de conocimiento en una tecnología, si quisiéramos evitarlo, tendríamos que cambiarnos a una tecnología donde el equipo disponga del conocimiento necesario, evitando así el riesgo.

o Aceptar

- Existirán riesgos donde no se pueda realizar ninguna acción, más que aceptarlo y determinar el impacto y ocurrencia que traerá al proyecto, en términos de tiempo, calidad, producto, equipo y costos del proyecto.

Análisis De Riesgos

Luego de registrar cada uno de los riesgos, será necesario priorizarlos, tomando como base la valoración que hayamos asignado.

Estas valoraciones deberán ser revisadas de forma semanal y podrán variar en función de las diversas situaciones y avances del proyecto.

A continuación, detallaremos un registro y análisis de *riesgos* priorizados.

Listado de Riesgos

1. Riesgo 1: Tecnología Inmadura
2. Riesgo 2: Cambio de cliente Durante el proyecto

Registro de Riesgos

N	Área	Asignado	Probabilidad (P)	Impacto (I)	Variable Impacto	Valor Priorizado (P*I)
1	Tecnológica	Helf Frag	85% Alta	8 Alto	Producto Calidad	6,8
2	Cliente	Joel Gratf	10% Baja	10 Alto	Producto Tiempo Costo	1

127

De la tabla anterior, podemos inferir que el primer *riesgo*, tiene una prioridad mayor de ser abordado dada su *probabilidad* e *impacto* en el proyecto.

Cabe mencionar, que los valores (*P**I) pueden variar entre los siguientes valores:

- o El valor (*P**I) máximo de un riesgo será 10

- o El valor (*P**I) mínimo de un riesgo será 0,01

Gráficos De Riesgos

Graficando las variables de *impacto* y *probabilidad de ocurrencia* de los *riesgos*, podemos lograr una visión más clara de los *riesgos* de tu proyecto.

Nombre	Probabilidad	Impacto	Valor Priorizado P*I
Riesgo 1	10%	10	1
Riesgo 2	30%	8	2,4
Riesgo 3	40%	5	2
Riesgo 4	60%	9	5,4
Riesgo 5	80%	5	4
Riesgo 6	20%	6	1,2

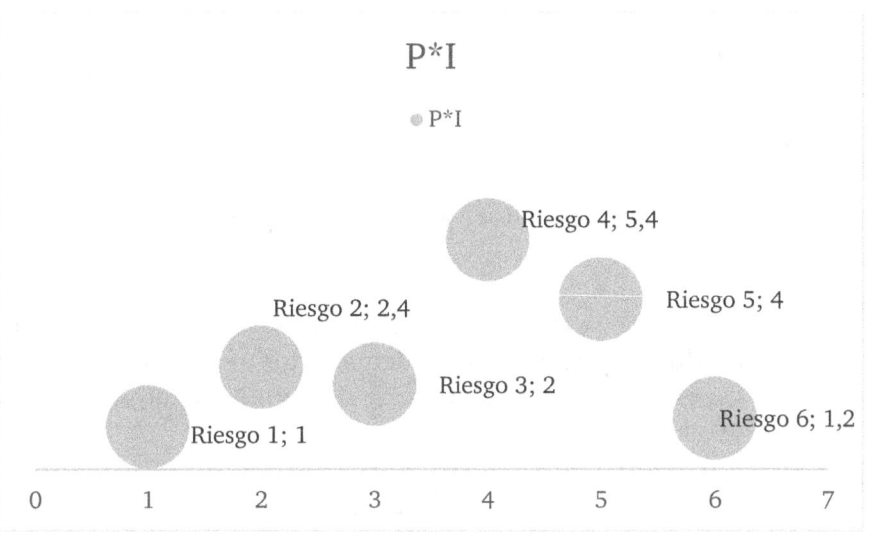

Figura 35 Análisis de Riesgos por Impacto y Probabilidad de Ocurrencia

En el gráfico mostrado, el riesgo 4 es el que presenta la mayor prioridad de ser abordado.

Caso Práctico

Enunciado

Durante el proyecto *PROSPECT*, se han detectado los siguientes *riesgos*.

A continuación, revisaremos todo el proceso llevado a cabo para la gestión de los *riesgos*:

Paso 1: lluvia de Ideas

A nivel de Proyecto

Los riesgos detectados a nivel de proyecto fueron los siguientes:

- El tiempo estimado de 3 meses para la entrega del producto, puede resultar demasiado breve. Lo que puede generar una entrega parcial del producto en el tiempo exigido.

- Parte del equipo del proyecto y el cliente están deslocalizados, lo que puede aumentar los tiempos de coordinación y gestión.

A nivel de Requisitos

Al momento de definir el requisito *Cálculo de efectividad de conversión*, los *riesgos* listados fueron:

- Calidad de los datos de entrada desde la Base de datos Comercial.

- Efectividad de la fórmula de cálculo en los tiempos requeridos.

Paso 2: Revisión de Árbol de Entregables

A nivel de Entregables

Los riesgos detectados a nivel de entregables fueron los siguientes:

Entregable 1: Datos Disponibles para calculo

- La falta de datos desde la base de datos Comercial puede afectar la calidad de las fórmulas.

Entregable 2: Nueva Fórmula de Cálculo EFV

- Se detecta muy poco tiempo para encontrar una nueva fórmula de cálculo, esto puede ocasionar una efectividad reducida.

A nivel de tareas

Tarea 1: Revisar origen de los datos

Tarea 2: Convertir y depurar datos desde el origen a nuevo formato de PROSPECT.

- La depuración de datos puede requerir tiempo adicional, sino se cuenta con el apoyo del cliente.

Tarea 3: Migrar los datos desde base de datos relacional GFT del Sistema Comercial a la base de datos de *PROSPECT*.

- Se necesitará un experto en el motor de la base datos comercial para su migración, dado que es un motor COBOL

Tarea 5: Revisar datos históricos calculo y conversión de prospectos, para determinar la correlación entre las variables.

- Baja calidad y errores en los datos históricos.

Tarea 7: Comparar datos de cálculo EFV de las nuevas fórmulas con el cálculo e histórico de la formula actual y seleccionar la fórmula con mejor desempeño.

- El tiempo de análisis de las fórmulas puede resultar acotado.

- Pueden faltar datos históricos que retrasen el proceso.

Paso 3: Registro y Priorización de Riesgos

A continuación, desplegamos la lista y registro de cada uno de los *Riesgos* analizados.

Listado de Riesgos

1. El tiempo estimado de tres meses para la entrega del producto, puede resultar demasiado breve, lo que puede generar, la entrega parcial del producto en el tiempo exigido.

2. Parte del equipo del proyecto y el cliente están deslocalizados, lo que puede aumentar los tiempos de coordinación y gestión.

3. Falta de datos de entrada desde la Base de datos Comercial, puede afectar la calidad de las fórmulas.

4. El análisis de la fórmula de cálculo en los tiempos requeridos es reducido, esto puede ocasionar una efectividad reducida.

5. La depuración de datos de entrada puede requerir tiempo adicional, sino se cuenta con el apoyo del cliente.

6. Se necesitará un experto en el motor de la base datos comercial para su migración, dado que es un motor COBOL.

7. Baja calidad y errores en los datos históricos.

8. El tiempo de análisis de las fórmulas puede resultar acotado para seleccionar una alternativa.

9. Pueden faltar datos históricos que retrasen el proceso de validación.

Registro y Análisis de Riesgos

N°	Área	Asignado	Probabilidad (P)	Impacto (I)	Variable Impacto	Valor Priorizado (P*I)
1	Producto	Greck Gast	85% Alta	10 Alto	Producto Tiempo	8,5
2	Equipo	Greck Gast	50% Media	5 Medio	Tiempo Costo	2,5
3	Producto	Helf Frag	90% Alta	4 Medio	Calidad Tiempo	3,6
4	Producto	Joel Gratf	90% Alta	10 Alto	Calidad Producto	9,0
5	Producto	Helf Frag	50% Media	5 Medio	Tiempo Costo	2,5
6	Tecnológica	Joel Gratf	100% Alta	10 Alto	Costo Tiempo	10
7	Producto	Joel Gratf	50% Media	6 Medio	Tiempo Producto	3.0
8	Producto	Joel Gratf	90% Alta	4 Medio	Calidad Tiempo	3,6
9	Producto	Joel Gratf	50% Media	6 Medio	Tiempo Producto	3.0

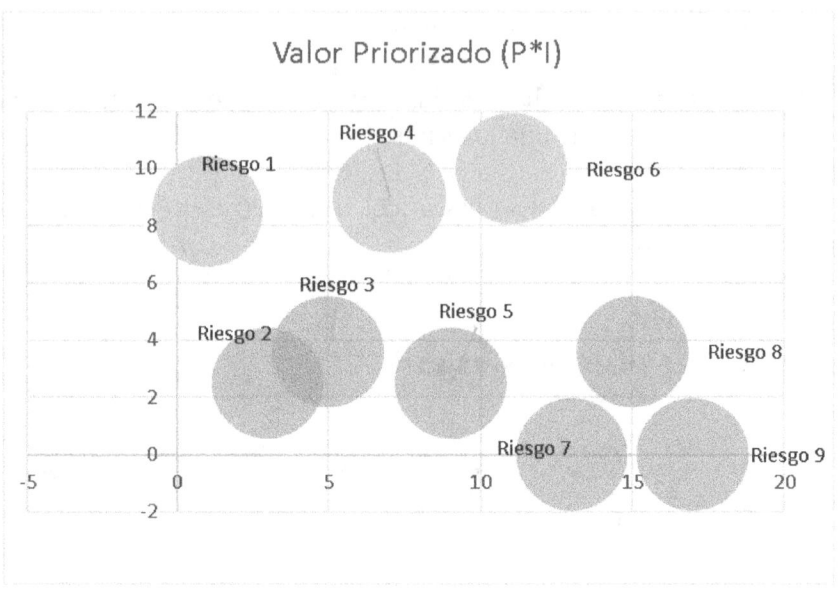

Figura 36 Riesgos Priorizados

Del gráfico anterior, se aprecia que los riesgos 6 ,4 y1 deben ser abordados de forma prioritaria dado su impacto y ocurrencia en el proyecto.

Paso 4: Acciones Para el Control de Riesgos

Tomando el registro y priorización de *riesgos* definidos previamente, se definen las siguientes acciones a realizar:

N°	Tipo Acción	Detalle de Acción
1	Mitigar	Explicar al cliente el fundamento del riesgo "tiempo demasiado breve para todo el producto del proyecto". Plantear como alternativa, realizar entregas parciales del producto, para ir monitoreando el impacto del riesgo, luego de cada entregable.

2	Aceptar	El equipo del proyecto fue concebido como deslocalizado, con una parte de este en la misma locación del cliente, por lo que el riesgo estará presente durante todo el desarrollo del proyecto.
3	Transferir	Se debe informar al cliente, que la falta de datos de entrada puede afectar el análisis de las fórmulas actuales y la calidad de las nuevas, por lo que es importante contar con los datos faltantes o proponer nuevos para realizar el análisis de forma correcta.
4	Mitigar	Explicar al cliente, el impacto de no contar con el tiempo suficiente para analizar todas las fórmulas al mismo tiempo, por lo que se propone secuenciar el análisis y luego probar su efectividad.
5	Transferir	Pedir al cliente que realice la depuración de sus datos de origen, para evitar problemas de interpretación y malas depuraciones por parte del equipo del proyecto.
6	Transferir	La migración de la información desde base de datos será realizada por un proveedor externo que cuenta con personal experto en COBOL.
7	Transferir	Se pide al cliente, que realice la depuración de sus datos históricos para evitar problemas de interpretación y malas depuraciones por parte del equipo del proyecto.
8	Mitigar	Explicar al cliente que el impacto de no contar con el tiempo suficiente para analizar todas las

		fórmulas al mismo tiempo, por lo que se propone revisar solo dos fórmulas.
9	Evitar	Se debe informar al cliente, que, al no existir datos históricos para algún mes específico, la comparación solo se realizará con los datos existentes, para evitar retrasos en los tiempos de pruebas.

ESTRATEGIA 8: CALIDAD Y ENTREGABLES

"Si los produces bien desde el comienzo, has avanzado el doble de tu camino"

La calidad de los entregables es un factor esencial para el éxito de tu proyecto, dado que esta, se asocia al valor que el producto aporta al cliente. El valor del producto es percibido cada vez que liberas un entregable del proyecto.

A través de esta estrategia, buscamos medir y controlar la calidad de tu producto y equipo, tomando como base los entregables del proyecto.

Cada una de las métricas que presentaremos en este capítulo, pueden ser monitoreadas al momento de liberar tus entregables, para realizar los ajustes necesarios, en función de mejorar la calidad de estos.

El Impacto de los errores en La Calidad

Los *errores* detectados en el producto generan un impacto significativo en la calidad y el valor percibido por el cliente. Por lo que, resulta relevante gestionar de forma adecuada los errores para mejorar la calidad del producto.

La *gestión activa de errores* involucra gestionar los errores proactivamente durante todo el desarrollo del proyecto, no esperando, que el cliente detecte los errores, sino corregirlos previo a la liberación del producto o entregable.

Si durante el proceso de desarrollo, detectas que es necesario detener el proceso, para corregir un error, hazlo, corrige el problema de inmediato. Como vemos en la figura siguiente, el impacto de corregir errores, en términos de tiempo y costos se incrementa ostensiblemente en etapas finales del proyecto.

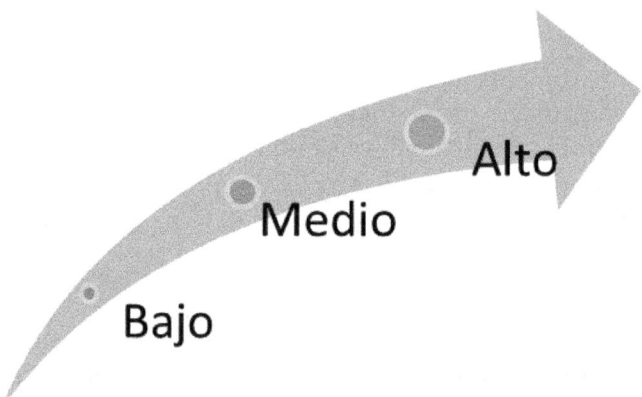

Figura 37 Impacto de los errores en el proyecto

Métricas De Calidad Del Equipo

En función del tiempo utilizado, el retrabajo realizado y los entregables aceptados, se puede medir el desempeño del equipo considerando las siguientes métricas:

Porcentaje de Errores en Entregables (PEE).

El PEE se calcula dividiendo el número de errores detectados por el cliente por el total de errores detectados en el entregable, estos últimos corresponden a los errores detectados por el cliente más el equipo, según se muestra a continuación:

PEE = (Errores detectados por el cliente /
Total errores detectados (equipo + cliente)) *100

Los valores del PEE que pueden variar en los siguientes rangos:

- 0% El cliente percibió el entregable sin errores
- 50% El cliente detecto un 50 % de los errores
- 100 % El cliente detecto todos los errores

Mientras mayor es el porcentaje de PEE, menor es la percepción de calidad percibida por el cliente y a su vez, menor la calidad de los desarrollos liberados por el equipo.

Porcentaje de Horas Invertidas en Entregables. (PHE)

El PHE se mide dividiendo las horas reales invertidas en el desarrollo del entregable aceptado por las horas planificadas de este, según se muestra a continuación:

PHE = (Horas reales aceptado / Horas planificadas) *100

- <= 100% sin desfases respecto al plan
- > 100% con desfases de horas

Los valores de PHE menores a 100% indican un mejor rendimiento del equipo, además de indicar mejoras en la generación de estimaciones del entregable.

Hora de Retrabajo Invertido (HRI)

El HRI considera la diferencia entre las horas reales invertidas y las horas inicialmente planificadas para el entregable, durante todo su ciclo, el cual comprende desde la definición hasta su aprobación.

HRI = Horas reales invertidas − Horas planificadas.

- ▪ <=0 sin retrabajos
- ▪ >0 con retrabajos

Si el valor de HRI es mayor a cero, indica que se han realizado una cantidad de horas de retrabajo para el entregable, si es menor a cero, las horas están dentro de lo planificado.

Proporción de Rechazos Del Entregables (PRE)

El valor PRE se calcula dividiendo el número de entregables rechazados por el número de entregables aceptados, como se muestra a continuación:

PRE = Total entregables rechazos / Total entregables aceptados

- ▪ 0-1   no tiene rechazos por entregables aceptados.
- ▪ 1-10   tiene rechazos por aceptados.
- ▪ >10   demasiados rechazos por cada entregable.

Si obtenemos un valor PRE de 5, esto indica que por cada 5 entregables rechazados, tendremos 1 entregable aceptado. Mientras menor es el número, mayor es la efectividad del equipo y calidad percibida del producto.

Proporción de Entregables Aceptados (PEA)

El valor PEA se calcula dividiendo el número de entregables aceptados por el total de entregables, este último incluye los aceptados más rechazados, como se muestra a continuación:

$PEA = Entregables\ aceptados\ /\ Total\ entregables$ (aceptados + rechazados)

- 1   aceptados sin rechazos.
- <1   aceptados con rechazos.

Nota

Un entregable que ha sido rechazado, indica que se tendrá que volver a invertir horas en el entregable que no cumple con el criterio de aceptación o falta desarrollar alguna funcionalidad. Esto genera un retrabajo por parte del equipo.

Métricas De Calidad De Los Entregables

La calidad de los entregables estará dada por la adherencia del entregable a sus criterios de aceptación, funcionalidad y beneficios esperados para este. A continuación, mostramos algunas métricas de la calidad de los entregables:

Funcionalidad

El valor se determina validando, si el entregable cumple la funcionalidad aprobada.

- 5   cumple con toda la funcionalidad.
- 3 - 4   cumple de forma parcial.
- 1 - 2   no cumple.

Criterio de Aceptación

El valor se calcula determinando, si el entregable cumple con el criterio de aceptación.

- 5   cumple con el criterio, se da por aceptado.
- 3 - 4   cumple de forma parcial.
- 1 - 2   se rechaza.

Beneficios Esperados

El valor se calcula determinado, si el entregable cumple con los beneficios esperados.

- 5   cumple con los beneficios esperados entre 91-100% respecto al beneficio inicial.

- 3 - 4   cumple de forma parcial entre un 40-90%.

- 1 - 2   no cumple menor al 30%.

Los beneficios obtenidos por los entregables son contrastados con la estimación de beneficios iniciales del proyecto.

Caso Práctico

Enunciado

El proyecto ha definido tres entregables, con la siguiente evolución durante el proyecto, partiendo con una estimación inicial de horas de esfuerzo y fechas de duración.

Inicial

Entregable	Inicio	Fin	Horas Esfuerzo
Entregable 1	12/03/2019	20/03/2019	30
Entregable 2	21/03/2019	28/03/2019	40
Entregable 3	02/04/2019	20/04/2019	60

Semana 4 del Proyecto

Entregable	Horas Gastadas	Rechazado	Aceptado	Errores internos	Errores al liberar
Entregable 1	40	1	1	10	12
Entregable 2	60	2	1	7	-
Entregable 3	90	3	1	9	-

Final

Entregable	Horas Gastadas	Rechazado	Aceptado	Errores internos	Errores al liberar
Entregable 1	40	1	1	11	13
Entregable 2	80	5	1	17	8
Entregable 3	120	7	1	19	5

Métricas de Calidad del Equipo

Semana 4 del Proyecto

Entregable	PEE	PHE	HR
Entregable 1	55%	133%	10
Entregable 2	0%	150%	20
Entregable 3	0%	150%	30

PRE	PEA
6	0,17

Por cada seis (6) rechazos un (1) entregable aceptado.

Final

Entregable	PEE	PHE	HR
Entregable 1	54%	133%	10
Entregable 2	32%	200%	40
Entregable 3	21%	200%	60

PRE	PEA
4,3	0,19

Por cada cuatro (4,3) rechazos un (1) entregable aceptado.

Métricas de Calidad de Entregables

Entregable	Funcionalidad	Criterio De Aceptación	Beneficios
Entregable 1	4	5	3
Entregable 2	5	5	2
Entregable 3	4	5	4

Del análisis de la tabla anterior, se infiere que en términos de funcionalidad y criterios de aceptación los entregables cumplen con lo esperado, pero al momento de capturar los beneficios, estos no logran satisfaces las estimaciones iniciales del cliente.

ESTRATEGIA 9: CONTROLA TUS GASTOS

"Si gasta más de lo necesario, estarás perdiendo una parte del beneficio de tu proyecto"

La estrategia de *Control de Gastos* busca brindar las herramientas para identificar tus principales fuentes de gastos, para realizar un seguimiento y control de los gastos durante el proyecto.

Fuentes De Gastos

Entre las principales fuentes de gastos de los proyectos podemos encontrar:

Horas

o   Las horas que invierte el equipo en las tareas y entregables. Estas horas se distribuyen a lo largo de todo el proyecto, en función de los entregables a liberar.

Servicios Externos

o   Servicios de proveedores y otros para el proyecto.

Desplazamientos

o   Desplazamientos del equipo del proyecto, por ejemplo: para definir requisitos, presentar entregables, reuniones, capacitaciones y cualquier otra gestión de relacionada con el proyecto.

Compras

o   Incluyen las compras de utensilios y equipamientos necesarios para el desarrollo y puesta en marcha del proyecto.

Análisis de Gastos Del Proyecto

El análisis de gastos del proyecto debe realizarse al inicio del proyecto, cuando estés definiendo los ámbitos, a través de una primera estimación de *gastos* del proyecto y luego una segunda estimación detallada, cuando tengas definido el *Árbol de Entregables*, considerando las siguientes fuentes de gastos:

o   Horas
o   Compras
o   Servicios Externos
o   Desplazamientos

A continuación, mostramos un ejemplo de una tabla de gastos inicial para un proyecto.

Análisis inicial de gastos del proyecto.

Fuente	Monto USD	Estado
Horas	29.000	Inicial
Compras	15.000	Inicial
Servicios Externos	15.000	Inicial
Desplazamientos	10.000	Inicial

Total de gastos: 69.000 USD

Figura 38 Proporción de Gastos del proyecto

Gastos

■ Horas ■ Compras ■ Servicios Externos ■ Desplazamientos

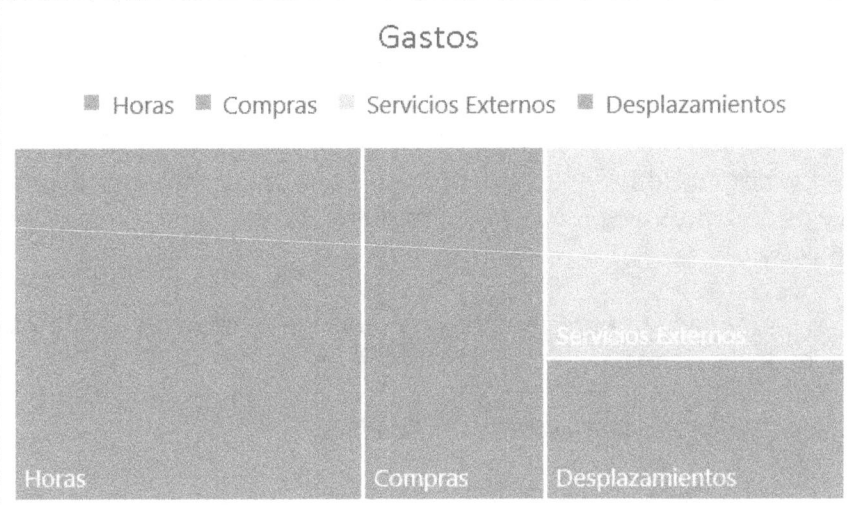

Figura 39 Desglose de Gastos

Cuando hayas definido los entregables, deberás distribuir los gastos estimados en cada uno de ellos, según su fuente, como se muestra a continuación:

Entregable	Fuente	Monto USD	Estado
Entregable 1	Horas	10.000	Inicial
Entregable 1	Compras	9.000	Inicial
Entregable 1	Servicios Externos	15.000	Inicial
Entregable 1	Desplazamientos	7.000	Inicial
Entregable 2	Horas	9.000	Inicial
Entregable 2	Compras	6.000	Inicial
Entregable 2	Servicios Externos	0	Inicial
Entregable 2	Desplazamientos	3.000	Inicial

Esta tabla de gastos inicial será tu estimación base de análisis para el desarrollo del proyecto.

149

Define Plan de Acción para Gastos

A continuación, deberás definir un plan de acción para diversos niveles de gastos aceptables, y las posibles acciones que tomarás para cada nivel.

A continuación, presentamos una tabla con el plan de acción para gestionar los gastos:

Niveles de Gastos	Acciones
< 20 %	Revisar y ajustar fuentes de aumento de gastos.
20% - 60%	Replanificar tu plan inicial de gastos, revisar rentabilidad y ajustar tus fuentes en aumento.
>60%	Detener el proyecto y validar si es económicamente factible continuar.

Plan De Ahorro De Gastos

Analizando cada uno de los gastos, en los cuales hemos incurridos, podemos definir acciones que permitan disminuir los gastos del proyecto en el tiempo.

A continuación, mostramos algunos tópicos para incluir en tu *plan de ahorro de gastos*.

Disminuir Retrabajo

o   El objetivo es lograr reducir el retrabajo en cada uno de los entregables desarrollados, a través de acciones como las siguientes:

- Mejorar la especificación de requisitos para evitar malentendidos.

- Mejorar las pruebas internas.

- Corrección de errores proactivas, previo a la entrega al cliente.

- Agrupar funcionalidades pendientes en un mismo entregable o árbol.

- Definir entregables que puedan ser desarrollados durante la misma iteración de un *árbol de entregables*, logrando disminuir tiempos de desarrollos e integraciones posteriores.

Plan de Desplazamientos

El objetivo del plan de desplazamientos es definir los tipos y cantidad de desplazamientos al inicio del proyecto, limitando con esto los gastos asociados al proyecto, como muestra el siguiente ejemplo:

Plan de desplazamientos

o	10 sesiones para definir requisitos.	(semana 1 y 2)
o	10 sesiones para presentar entregables.	(semana 6 y 7)
o	2 semanas de capacitaciones.	(semana 8 y 9)
o	1 semana Desplazamiento puesta en marcha.	(semana 10 y 11)
o	20 reuniones de control con el cliente.	

Cualquier desplazamiento adicional, deberá ser agregado como un cambio al proyecto.

Servicios Externos

El objetivo es reducir el gasto no planificado inicialmente, reduciendo la variabilidad de los servicios externos.

Una estrategia es fijar el precio de los servicios externos para todo el proyecto o para cada iteración, y las horas de los entregables que deberán ser abordados por el proveedor externo, fijando así el gasto en servicios externos.

Compras

La recomendación es fijar el precio con los proveedores al inicio de la iteración o inicio del proyecto por todo el volumen necesario, para conseguir descuentos en el precio por volumen. Con esto aseguramos el suministro y reducimos gastos innecesarios por sobre precios.

Análisis y Control de Gastos

El *control de los gastos* se revisa de forma bisemanalmente en el proyecto, con la finalidad de validar, si alguno estos ítems aumentan desmedidamente para tomar acciones correctivas.

Para este proceso se deberá listar el detalle cada uno de los gastos incurridos y analizar su origen, como se muestra a continuación:

Análisis de Gastos

El *análisis de los gastos* se realiza por entregables y luego por fuente de gastos, por lo que tendremos una lista de gastos agrupada como muestra la siguiente tabla:

Entregable	Fuente	Detalle	Monto USD	Estado	Fecha
Entregable 1	Horas	8 horas tarea 1	10.000	Ejecutado	23/03/2019
Entregable 1	Desplazamiento	Reunión Definición de requisito 1.	1.000	Ejecutado	24/03/2019
Entregable 1	Horas	8 horas tarea 3	10.000	Ejecutado	26/03/2019
Entregable 1	Horas	8 horas tarea 2	10.000	Ejecutado	29/03/2019

Análisis de Gastos por fuentes

Para realizar el *análisis de gastos por fuente*, agruparemos los gastos del entregable por su fuente, como se muestra en la siguiente *tabla de seguimiento de gastos* para un entregable:

Entregable	Fuente	Ejecutado USD	Inicial USD	Saldo USD	Ejecutado %
Entregable 1	Horas	7.000	10.000	-3.000	70%
Entregable 1	Compras	6.000	9.000	-3.000	67%
Entregable 1	Servicios Externos	20.000	10.000	10.000	200%
Entregable 1	Desplazamiento	12.000	2.000	10.000	600%
Total		45.000	31.000	14.000	145%

En la *tabla de seguimiento* anterior, se ha gastado más de lo estimado en los ítems *desplazamientos* y *servicios externos*. Habrá que inspeccionar la tabla de detalles de gastos, específicamente el ítem *desplazamiento* para revisar el motivo adicional del gasto.

A continuación, revisaremos un caso práctico para explicar el proceso de gestión de los gastos del proyecto.

Caso Práctico

Enunciado

El proyecto ha definido su plan inicial de gastos, su plan de acción de gastos y su plan de ahorro, considerando los tres entregables que deberás liberar, como se muestra a continuación:

Plan inicial de gastos

La primera estimación de gastos del proyecto es la siguiente:

Fuente	Monto USD	Estado
Horas	40.000	Inicial
Compras	10.000	Inicial
Servicios Externos	12.000	Inicial
Desplazamientos	5.000	Inicial

Total de gastos: $ 67.000 USD

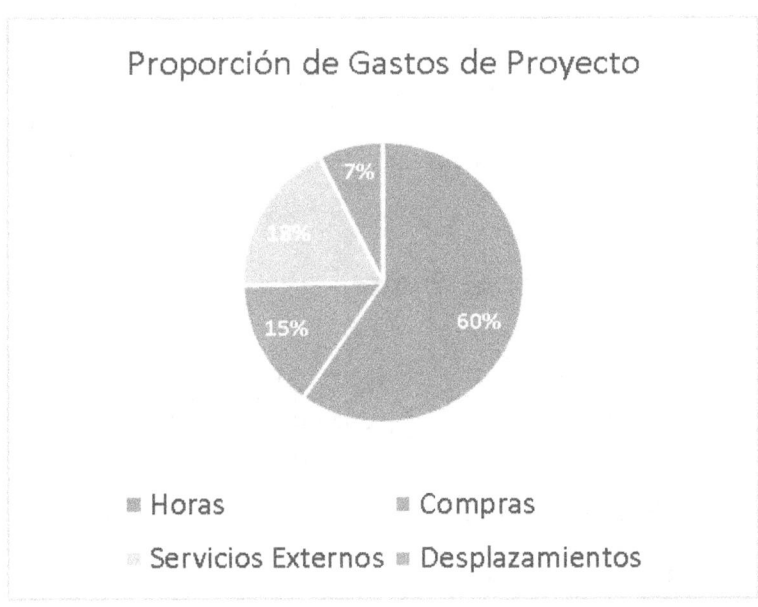

Figura 40 Proporción de Gastos Iniciales

Luego de definir los entregables del proyecto, la estimación base de gastos queda de la siguiente forma.

Detalle de Gastos por Entregable

Entregable	Fuente	Monto USD	Estado
Entregable 1	Horas	10.000	Inicial
Entregable 1	Compras	9.000	Inicial
Entregable 1	Servicios Externos	15.000	Inicial
Entregable 1	Desplazamiento	7.000	Inicial
Entregable 2	Horas	9.000	Inicial
Entregable 2	Compras	6.000	Inicial
Entregable 2	Servicios Externos	0	Inicial
Entregable 2	Desplazamiento	3.000	Inicial
Entregable 3	Horas	11.000	Inicial
Entregable 3	Compras	0	Inicial
Entregable 3	Servicios Externos	0	Inicial
Entregable 3	Desplazamiento	1.000	Inicial

Resumen de Gastos por fuente

Fuente	Monto USD	Estado
Horas	30.000	Inicial
Compras	15.000	Inicial
Servicios Externos	15.000	Inicial
Desplazamiento	11.000	Inicial

Total de Gastos: 71.000 USD

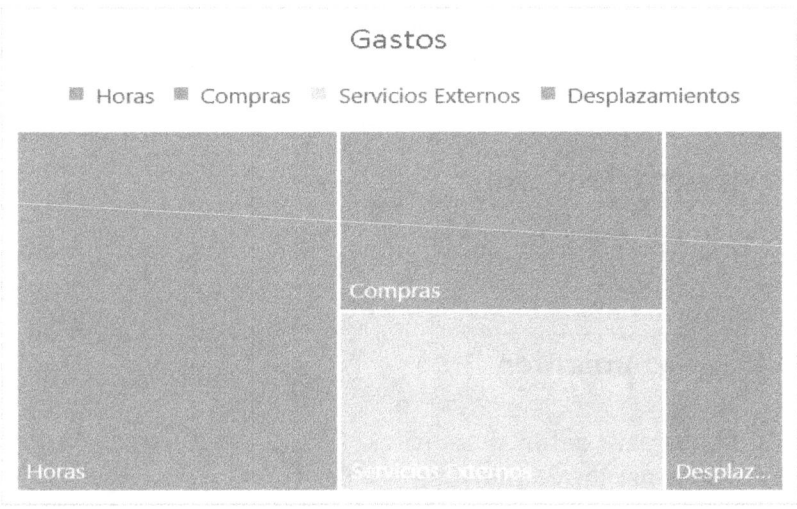

Figura 41 Detalle de Gastos Inicial

Plan de Acción para Gastos

El *plan de acción para gastos* contempla las siguientes acciones:

Niveles de gastos	Acciones
< 10 %	Revisar y revisar fuentes de gastos que han aumentado y proponer acciones correctivas.
10% - 60%	Revisar rentabilidad y revisar causas del aumento en las fuentes específicas.
	Proponer planes de acción para las fuentes en aumento, por ejemplo: congelar desplazamiento sobre 50% de aumento de gasto.

| >60% | Detener el proyecto y validar si es económicamente rentable continuar con este nivel de gasto. |

Plan de Ahorro de gastos

El plan de ahorros para el proyecto considera:

Plan de Desplazamientos

- o 7 sesiones para definir Requisitos
- o 6 sesiones para presentar Entregables (dos por cada entregable)
- o 1 semana de Capacitaciones
- o 2 semanas Desplazamiento para puesta en marcha
- o 20 reuniones de control con el cliente

Servicios externos

Se acuerda con el proveedor un valor de 100 USD/ por hora para todo el proyecto. Se define, que el proveedor participará en el desarrollo de las tareas del *Entregable 1*.

Compras

Se detallan todas compras del proyecto, para ser ejecutadas la primera semana antes del inicio de cada entregable.

Listado de compras para el inicio del proyecto.

- o 2 computadores
- o 2 teclados para computadores
- o 1 tinta para impresora
- o 6 lápices para pizarra

Análisis y Control de Gastos

A continuación, se muestra el detalle de los gastos del proyecto durante la semana 4:

Entregable	Fuente	Ejecutado USD	Inicial USD	Saldo USD	Ejecutado %
Entregable 1	Horas	12.943	10.000	-2.943	129%
Entregable 1	Compras	8.000	9.000	1.000	89%
Entregable 1	Servicios Externos	10.000	15.000	5.000	67%
Entregable 1	Desplazamiento	4.000	7.000	3.000	57%
Entregable 2	Horas	8.560	9.000	440	95%
Entregable 2	Compras	3.000	6.000	3.000	50%
Entregable 2	Servicios Externos	-	-		
Entregable 2	Desplazamiento	200	3.000	2.800	7%
Entregable 3	Horas	6.000	11.000	5.000	55%
Entregable 3	Compras	-	-		
Entregable 3	Servicios Externos	-	-		
Entregable 3	Desplazamiento	-	1.000	1.000	0%
	Total	**52.703**	**71.000**	**18.297**	**74%**

Del detalle de gastos de la semana 4, es necesario validar con el equipo, a que se debe el aumento de horas para el *Entregable 1* y validar si el entregable fue aceptado por el cliente.

Luego del análisis de gastos, es importante tomar acciones para no seguir en una espiral de aumento de horas, que pueda hacer el proyecto inviable económicamente.

Resumen por fuente

Fuente	Ejecutado	Inicial	Ejecutado %
Horas	27.503	30.000	92%
Compras	11.000	15.000	73%

Servicios Externos	10.000	15.000	67%
Desplazamientos	4.200	11.000	38%

De este resumen, se desprende que dado el avance del proyecto con solo 4 semanas y el nivel de gasto general en la fuente *Horas,* tendrás que monitorear la fuente de gastos *Horas,* para lo que queda del proyecto y si es necesario replanificar este gasto con tu cliente.

A continuación, se muestra gráficamente el desfase entre gastos ejecutados e inicial a la fecha, separados por *fuentes de gastos.*

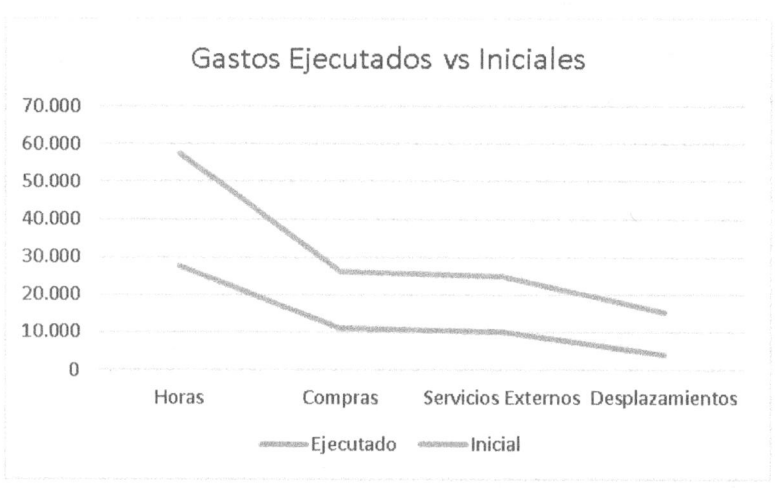

Figura 42 Gastos Ejecutados vs Iniciales

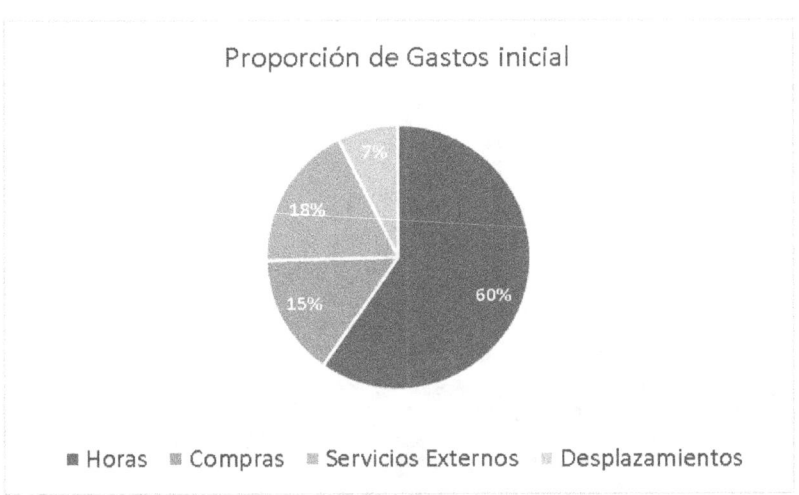

Figura 43 Desglose de Gastos Iniciales

Figura 44 Desglose de Gastos Ejecutados

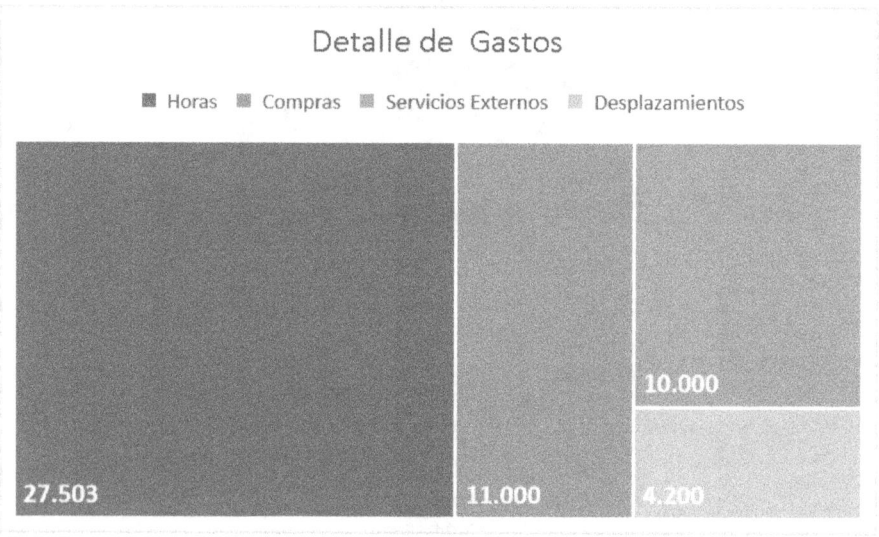

Figura 45 Desglose Gráfico de Gastos Ejecutados

ESTRATEGIA 10: PLAN DE CONTIGENCIA

"Antes de subir la montaña, prepara tu plan de retorno."

Luego de haber revisado las estrategias anteriores, es importante contar con un plan de contingencia que permita estar cubierto de problemas que pueden ser abordados rápidamente. Empíricamente la experiencia señala, que tendrás como mínimo una crisis durante la ejecución de tu proyecto.

Si has llegado a un estado donde te enfrentas a un conjunto de problemas que surgen inesperadamente durante el proyecto, es importante contar con un plan de contingencia, que te permita resolver la mayor cantidad de problemas en un muy breve plazo.

A continuación, analizaremos las principales fuentes de problemas en un proyecto.

Generadores De Problemas En Tu Proyecto

Existen diversos factores que pueden generar una crisis en tu proyecto, entre los que se encuentran:

o   Falta de tiempo.
o   Planes de entrega no realistas (subestimaciones).
o   Cambios de requisitos sin control.
o   Falta de recursos.
o   Demasiada incertidumbre en el equipo sobre las tareas a realizar.
o   Falta de acuerdos con el cliente.
o   Equipos desmotivados y sin foco en los temas importantes.
o   Clientes desmotivados y sin claridad del producto requerido.
o   Baja comunicación y colaboración entre los miembros del equipo y cliente.
o   Baja calidad de los entregables.

Elabora Tu Plan De Contingencia

Para elaborar tu plan de contingencia, recomendamos realizar los siguientes pasos:

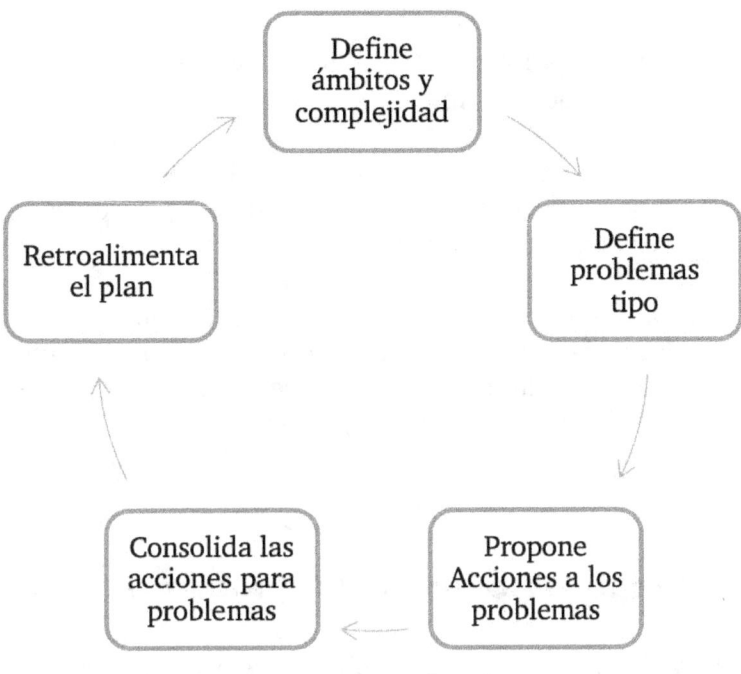

Figura 46 Plan de Contingencia

Paso 1: Define los Ámbitos y Complejidad de tu proyecto

Es importante que, como primer paso, definas tus ámbitos y complejidad del proyecto, dado que este análisis previo, te dará un conocimiento inicial de los temas, que pueden ser relevante a la hora de definir y preparar tu plan de contingencia.

Paso 2: Define Problemas tipo

Para definir los problemas "tipo" del proyecto, podemos usar dos estrategias que pueden ser útiles:

o   Toma cada uno de los ámbitos del proyecto y usando una lluvia de ideas, lista los posibles problemas que se visualizan en el proyecto.

o   Otra alternativa, es iniciar el análisis, tomando como base los riesgos que has registrado y situarte en el escenario, en el que cada uno de ellos, se hace realidad, como un problema latente para el proyecto.

Paso 3: Propone Acciones a los problemas

Para cada uno de los ámbitos, selecciona los problemas registrados y define las acciones que pueden ser realizadas, dado el escenario descrito en el problema.

Es importante realizar una primera sesión de lluvia de ideas con el equipo para generar las acciones que cada uno visualiza, para luego, ir depurando las acciones específicas que pueden ser incorporadas al plan.

Paso 4: Consolida Acciones para Problemas por Ámbitos

El objetivo es ordenar todos los problemas y acciones por ámbitos, para que en su conjunto puedan formar el plan de contingencia del proyecto.

Paso 5: Retroalimentación del plan

Es importante, que cada vez que inicies y termines el desarrollo de un entregable, en la reunión de lecciones aprendidas, revises si es necesario agregar una nueva acción o problema al plan.

Cuando necesites usar alguna de las acciones, es importante que determines si es necesario ajustar o agregar alguna acción adicional.

Este proceso de retroalimentación es dinámico, dado que pueden aparecer problemas a lo largo de todo el proyecto, y será necesario contar con acciones para abórdalos.

Plan De Contingencia

A continuación, te mostramos un ejemplo de un *Plan de Contingencia*, partiendo por enumerar los problemas que se pueden presentar en cada uno de los ámbitos y las posibles acciones a tomar.

Ámbito Cliente

Problema	Acción
El cliente no tiene clara la estructura de perfiles y roles para abordar el proyecto.	Prepárale una propuesta de perfiles y roles necesarios para abordar el proyecto.
El cliente no tiene presupuesto para abordar todo el alcance proyecto.	Proponle: -Un alcance menor, ajustado a lo más prioritario para cubrir sus necesidades. -Un proyecto del tipo adaptativo, donde liberas entregables en

	función del tiempo y dinero que dispone.

Ámbito Equipo

Problema	Acción
Un integrante deja el equipo	Siempre distribuye las tareas del proyecto en diversos integrantes, comunica las nuevas asignaciones al resto del equipo, informa al cliente de la situación, si el impacto no puede ser acotado solo al equipo.
Un integrante del equipo no tiene claridad de sus tareas para la semana.	En la reunión de coordinación interna, define con cada miembro del equipo las tareas asignadas y el objetivo de la semana.

Ámbito Gestión y Comunicación

Problema	Acción
Las reuniones se extienden más de dos horas, sin un objetivo claro sobre el tema que se está abordando. Se han transformado en una pérdida de tiempo.	En la citación de la reunión enviar el detalle de los temas a tratar y el objetivo buscado, esto acotará los temas. Toma control y liderazgo de las reuniones en función de avanzar en cada uno de los temas previstos.

Si uno de ellos, no puede resolverse, genera una reunión posterior para tratar ese tema en particular.

En reuniones con equipos o clientes remotos, la diferencia horaria genera errores en el horario de inicio de la reunión. Por ejemplo: a un equipo le aparece la reunión a las 12:00 horas en el calendario y al otro equipo a las 13:00 horas.

Cuando envíes una citación para la reunión de un equipo o cliente remoto, envíalo con la zona horaria del destinatario, no la zona del origen y en el título del correo agrega el horario en ambas regiones o países.

No se han seguido los temas acordados en la reunión pasada.

Luego de cada reunión, envía una minuta o correo de las asignaciones y acuerdos tomados. Revísalos al inicio de la siguiente reunión para validar avances de los acuerdos.

Los riesgos del proyecto aparecen de forma espontánea y nadie los está gestionando.

Revisa tu estrategia de riesgos, sino encuentras la respuesta, genera reuniones de 30 minutos semanales para detectar riesgos, a través una lluvia de ideas, anota y analiza junto al equipo, los riesgos que cada integrante visualiza en su área de trabajo del proyecto.

Luego de anotar los riesgos, categorízalos en función de su impacto y ocurrencia en el proyecto, seguido asígnalos a cada uno de los integrantes del equipo, que se encargarán de hacer la gestión necesaria para controlarlo.

Ámbito Producto

Problema	Acción
No tengo el control de los entregables, su estado, asignación y tiempo de término.	Revisa tu ámbito de producto y Comunicación, respecto a las reuniones de control de entregables. Sino encuentras la respuesta define una reunión al inicio de la semanal de 30 minutos con el equipo para revisar las tareas y asignaciones de la semana para cada entregable.
Los entregables liberados, han sido rechazados varias veces, por no cumplir el criterio de aceptación y falta de funcionalidad	Reúnete con el equipo y revisa las causas, de por qué no se logra cumplir con el criterio de aceptación y las funcionalidades faltantes. Para encontrar la causa de los problemas revisa lo siguiente: o Validar si es un tema técnico de desarrollo. o Falta de definición en las tareas. o Falta de definición del requisito. o Reforzar las pruebas internas para corregir proactivamente que los errores detectados por el cliente.

APLICANDO LAS ESTRATEGIAS

"Aplica el conocimiento adquirido, no desperdicies tu tiempo"

Para finalizar nuestra entrega y para que puedas aplicar cada una de las estrategias, te dejamos un resumen de las *Diez Estrategias*, a través de plantillas, para que completes y utilices en tu proyecto.

Estrategia 1: Define Tus Ámbitos y Complejidad

Ámbito Cliente			
Nombre			
Role / Estructura			
Acciones y Decisiones			
Ubicación			

Ámbito Equipo			
Nombre			
Role / Estructura			
Acciones y Decisiones			
Ubicación			

Ámbito Gestión y Comunicación			
Tipo de Reunión			
Detalle			
Periodicidad			
Participantes			

Ámbito Producto			
Gestiones del Producto			
Detalle			
Periodicidad			
Responsables			

COMPLEJIDAD DE LOS AMBITOS			
Ámbito			
Análisis			
Complejidad (alta, media, baja)			

Estrategia 2: Crea Equipos Autónomos

Define Tu equipo Autónomo	
Paso 1: Define los perfiles	
Paso 2: Configura tu equipo	
Paso 3: Dispone a tu equipo en una misma locación	
Paso 4: Empodera a tu equipo	
Paso 5: Interacción del equipo y el cliente	
Paso 6: Informa a tu cliente	

Estrategia 3: Gestiona Tu Cliente

Lista de Gestiones	
Reunión inicial	
Definición de Requisitos o Cambios	
Control y seguimiento de entregables	
Revisión y aceptación de entregables	
Capacitación del cliente	
Cierre del Proyecto y Contrato	

Estrategia 4: Comunica 360

Comunica 360:	
Ámbito Cliente	
Sesiones de Requisitos y Cambios	
Reuniones de Control y Avances	
Reuniones de Validación de entregables y funcionalidades	
Ámbito Equipo	
Reuniones de Trabajo	
Internas de avances	
Ámbito Producto	
Reuniones de definición de Entregables y Tareas	

Estrategia 5: Requisitos Efectivos

ESTRATEGIA DEFINICION REQUISITOS:	
Paso 1: Cronograma de Sesiones	
Paso 2: Participantes de Sesiones	
Paso 3: Definir el Problema Central	
Paso 4: Definir Cuestionarios para requisitos	
Paso 5: Detalle de Requisitos	
Paso 6: Documento de Requisitos	

CUESTIONARIOS REQUISITOS	
¿Que?	
¿Quién?	
¿Cómo?	
¿Dónde?	
¿Cuantas?	
¿Cuándo?	
¿Cuáles	

Estrategia 6: Busca Resultados

GESTIÓN DE ENTREGABLES	
Paso 1: Define el Ciclo de Iteración y Validaciones del árbol	
Paso 2: Define Entregables (Resultados)	
Paso 3: Define un Árbol de Entregables	
Paso 4: Crea tareas para Entregables	
Paso 5: Asigna responsables de tareas	
Paso 6: Creación del Árbol de Entregables	
Paso 7: Ejecución y monitoreo del Árbol de Entregables	
Paso 8: Validación y Cierre del Árbol de Entregables	
Paso 9: Lecciones del Árbol de Entregables	

Estrategia 7: Gestiona Tus Riesgos

GESTIÓN DE RIESGOS	
Paso 1: Lluvia de ideas	
Paso 2: Revisión de Árbol de Entregables	
Paso 3: Registro de Riesgos	
Paso 4: Acciones Y Control De Riesgos	
Paso 1: Lluvia de ideas	
Paso 2: Revisión de Árbol de Entregables	
Paso 3: Registro de Riesgos	
Paso 4: Acciones Para Control De Riesgos	Mitigar Transferir Evitar Aceptar

TABLA DE REGISTRO DE RIESGOS	
Nombre del Riesgo	
Área del Riesgo	
Responsable de la Gestión (asignado)	
Impacto en el proyecto (Varia entre 1-10)	Bajo 1-3 Medio 4-7 Alto 8-10
Probabilidad de Ocurrencia en el proyecto (%)	Baja 1%-30% Media 40% - 70% Alta 80% - 100%
Variable que impacta el riesgo	Tiempo Costo Calidad Producto (Funcionalidad, Plan, Alcance)

	Equipo
Valor Priorizado (P*I)	

Estrategia 8: Calidad Y Entregables

METRICAS DE CALIDAD DEL EQUIPO	
PEE = Porcentaje de errores del entregable detectados por el Cliente / total de errores detectados (equipo + Cliente)	5 cumple con toda la funcionalidad 3 - 4 cumple de forma parcial 1 - 2 no cumple
PHE = Porcentaje de horas reales invertidas / horas planificadas de los entregables.	<= 100% Sin desfases respecto al plan > 100% tiene desfases de horas
HR= Hora de retrabajo invertido (medido desde el ciclo definición, creación, liberación, rechazo y aprobación). HR = Horas reales invertidas - horas planificadas de los entregables	0 sin retrabajos >0 con retrabajos
PRE = Proporción de entregables rechazados / entregables aceptados	0-1 No tiene rechazos por aceptados 1-10 Tiene rechazos por aceptados

	>10 Demasiados rechazos por cada entregable
PEA = Proporción de entregables aceptados / Total entregables (aceptados+ rechazados).	>=1 aceptados sin rechazos <1 aceptados con rechazos

METRICAS DE CALIDAD DEL ENTREGABLE	
Funcionalidad	5 cumple con toda la funcionalidad 3 - 4 cumple de forma parcial 1 - 2 no cumple
Criterio de Aceptación	5 cumple con todos los criterios 3 - 4 cumple de forma parcial 1 - 2 no cumple
Beneficios Esperados	5 cumple con los beneficios esperados entre 91-100% respecto al beneficio inicial. 3 - 4 cumple de forma parcial entre un 40-90% 1 - 2 no cumple menor al 30%

Estrategia 9: Controla Tus Gastos

ANALISIS DE FUENTES DE GASTOS					
Fuente	Monto	Inicial	Ejecutado 4, 8 16 semanas	Ejecutado Final	Ejecutado %
Horas					
Compras					
Servicios Externos					
Desplazamientos					

DETALLE DE GASTOS	
Entregable	
Fuente	
Detalle	
Ejecutado USD	
Estado	
Fecha	

ANALISIS DE GASTOS	
Entregable	
Fuente	
Ejecutado USD	
Inicial USD	
Saldo USD	
Ejecutado %	

Estrategia 10: Plan De Contingencia

ELABORAR EL PLAN	
Paso 1: Define los Ámbitos y Complejidad de tu proyecto	
Paso 2: Define Problemas Tipo	
Paso 3: Propone Acciones a los problemas	
Paso 4: Consolida Acciones y Problemas por Ámbitos	
Paso 5: Retroalimentación del plan	

VOCABULARIO

Alcance del proyecto: Consiste en toda la funcionalidad detallada en los requisitos que será entregada como producto durante el desarrollo del proyecto.

Cambio: Consiste en cualquier nueva especificación del producto, no definido durante la definición del requisito. Esta nueva especificación debe quedar reflejada en un *Documento de Cambio de Requisito*, el cual debe ser aprobada por el cliente para su posterior ejecución.

Casos de uso: Detalle del uso del sistema o un parte de éste (*una funcionalidad específica*), incluye la especificación de todos los actores que participan en el proceso.

Interesados. Son todas aquellas personas que influyen directa o indirectamente en el proyecto. Para nuestro contexto, separaremos estos en dos grupos: Equipo y Clientes.

Clientes: Son todas aquellas personas o entidades a las cuales el proyecto les afecta de forma directa o indirecta. Entre estos se pueden encontrar:

- o Patrocinador
- o Usuarios
- o Usuario líder
- o Usuario Clave
- o Oficina de proyecto (PMO)
- o Entidades externas
- o Organismos reguladores internos y externos

Cliente Deslocalizado: Este concepto señala, que una parte del equipo del cliente está en otra ubicación geográfica (región o país) o física (piso o edificio distintos).

Duración: Esta corresponde al plazo en termino de fechas que se realiza una tarea o entregable. (horas)

Esfuerzo: Esta corresponde al trabajo (horas) necesario para realizar una tarea, en términos de tiempo.

Equipo: Corresponde a todas las personas que deben realizar alguna tarea para producir algún resultado en el proyecto como, por ejemplo:

- o El equipo principal,
- o Desarrolladores externos,
- o Gestores
- o Todos aquellos que trabajan o trabajarán para el proyecto

Equipo Deslocalizado: Este concepto señala, que el equipo está en otra ubicación geográfica (región o país) o física (piso o edificio diferente) respecto al cliente.

Entregable: Porción funcional del producto a desarrollar, que corresponde a uno o más requisitos del negocio, debe ser revisado y aprobado por el cliente antes de su desarrollo.

- o Un entregable debe brindar un valor específico y medible al cliente.

- o Un entregable está compuesto por un conjunto de tareas que deben completarse.

- o Cada entregable tiene un criterio de aceptación.

    o   Cada entregable debe considerar los criterios de calidad de los requisitos que contenga.

Estrategia: Entenderemos por estrategia al conjunto de acciones que buscan lograr un objetivo específico. Para nuestro contexto, el objetivo buscado es el éxito del proyecto.

Kanban: Este sistema consiste en una pizarra para controlar las secuencias de los estados de las tareas de los entregables del producto. Por lo que, es una forma gráfica de ver el estado y control de las tareas.

Proyecto: Consiste en un conjunto de actividades temporales, para producir un producto, servicio o resultado único. El proyecto es temporal dado que tiene: un inicio y fin definido, un alcance, recursos físicos y humanos para realizar el conjunto de tareas y actividades en el tiempo estipulado.

Requisito: Son especificaciones del producto, que brindan solución a las necesidades del Negocio. Estas se plasman en el documento de *Especificación de Requisitos*.

Riesgo: Es todo evento que puede ocurrir en un determinado período de tiempo, que puede afectar de forma directa o indirecta la correcta ejecución del proyecto.

Tarea: Es una porción de tiempo destinada a una actividad específica del proyecto.

Ciclo o Iteración de desarrollo: Este consiste en una determinada ventana de tiempo que toma desarrollar uno o más entregables del proyecto.

FIGURAS

ACERCA DEL AUTOR

El autor cuenta, con una extensa trayectoria en la *Gestión de Proyectos Tecnológicos* y *Consultoría de Negocios*. Además de contar, con un conjunto de especializaciones y certificaciones en el ámbito de la *Gestión de Proyectos*.

Ha liderado una diversidad de proyectos, en diferentes países, con equipos locales, remotos y deslocalizados, para diversos sectores de la economía.

www.ingramcontent.com/pod-product-compliance
Lightning Source LLC
Chambersburg PA
CBHW072157290526
45794CB00004B/1551